A ÚLTIMA SOBREVIVENTE

Genelle Guzman-McMillan
com William Croyle

A ÚLTIMA SOBREVIVENTE

TRADUÇÃO
Daniela P. B. Dias

1ª edição

Rio de Janeiro | 2014

CIP-BRASIL. CATALOGAÇÃO NA FONTE
SINDICATO NACIONAL DOS EDITORES DE LIVROS, RJ

G999a
Guzman-McMillan, Genelle
A última sobrevivente / Genelle Guzman-McMillan, William Croyle; tradução: Daniela P. B. Dias. – 1ª ed. – Rio de Janeiro: Best*Seller*, 2014.

Tradução de: Angel in the rubble
ISBN 978-85-7701-362-3

1. World Trade Center (Nova Iorque, Estados Unidos). 2 Atentado terrorista de 11 de setembro de 2001 – Biografia. 3. Guzman-McMillan, Genelle. 4. Vítimas do terrorismo – Estados Unidos – Nova Iorque – Biografia. I. Título.

12-2915

CDD: 920.0091747
CDU: 929:94(73)"2001/..."

Texto revisado segundo o novo Acordo Ortográfico da Língua Portuguesa.

Título original norte-americano:
ANGEL IN THE RUBBLE

Copyright da tradução © 2012 by EDITORA BEST SELLER LTDA
Copyright © 2011 by Genelle Guzman-McMillan

Capa: Marianne Lépine

Todos os direitos reservados. Proibida a reprodução,
no todo ou em parte, sem autorização prévia por escrito da editora,
sejam quais forem os meios empregados, com exceção das resenhas literárias,
que podem reproduzir algumas passagens do livro, desde que citada a fonte.

Direitos exclusivos de publicação em língua portuguesa para o Brasil
adquiridos pela
EDITORA BEST SELLER LTDA.
Rua Argentina, 171, parte, São Cristóvão
Rio de Janeiro, RJ – 20921-380 – Tel.: 2585-2000
que se reserva a propriedade literária desta tradução

Impresso no Brasil

ISBN 978-85-7701-362-3

Seja um leitor preferencial Record.
Cadastre-se e receba informações sobre nossos lançamentos e nossas promoções.

Atendimento e venda direta ao leitor:
mdireto@record.com.br ou (21) 2585-2002

*Para o meu marido Roger, nossos quatro filhos lindos e todos
os meus familiares e amigos — este livro nunca teria sido
possível sem o seu eterno apoio e amor.*

*Para as famílias das vítimas do atentado de 11 de setembro de 2001 —
e os seus entes queridos, que jamais cairão no esquecimento.
Que vocês possam sentir o tempo todo a paz e o conforto
do abraço cálido de Deus.*

*E também aos heróis dedicados que de maneira desprendida e
incondicional doaram seu tempo, seus talentos e suas riquezas a nós,
que tanto necessitávamos — nossa dívida será eterna
por todos os sacrifícios que vocês fizeram.*

PRÓLOGO

Eu fui a última sobrevivente a ser encontrada nos escombros do World Trade Center após o ataque terrorista de 11 de setembro de 2001. Fui libertada 27 horas depois de a Torre Norte ter desabado sobre mim.

Embora várias outras pessoas também tenham sido resgatadas do local do desastre, nós vivemos em um mundo no qual números e posições são informações importantes. Ser o primeiro, o centésimo, o milésimo, o milionésimo, o último — essas coisas sempre parecem ter um significado especial para nós. No meu caso, a alcunha de "A Última Sobrevivente" sempre provocou uma sensação agridoce.

Cada vez que ouço essas palavras elas trazem a dura constatação de que depois de mim ninguém mais foi encontrado com vida. As corajosas equipes de resgate — formadas por bombeiros, policiais e cidadãos comuns de Nova York, do país inteiro e do mundo — trabalharam incansavelmente por dias a fio para encontrar o máximo possível de sobreviventes, sempre na esperança de realizar mais um resgate que fosse. Apenas mais um.

Mas alguém teria que ser a última pessoa resgatada.

Ter sido encontrada viva depois de tanto tempo foi realmente um milagre, o resultado do esforço e sacrifício de numerosos desconhecidos cuja bondade no coração certamente era muito maior do que o ato de maldade que os motivou a oferecer ajuda em primeiro lugar. Eu serei eternamente grata a eles pela segunda chance que me deram nesta vida. Por causa dessas pessoas, e com a graça de Deus, tenho a chance de compartilhar hoje a minha história com o mundo, uma história que eu rezo para que seja capaz de levar esperança àqueles que mais estejam precisando.

CAPÍTULO 1

11 de setembro de 2001

Abri suavemente os olhos, tateei na direção do despertador e apertei o botão de "soneca" alguns minutos antes das 6 horas da manhã. Ainda estava completamente escuro do lado de fora do meu apartamento na zona leste do Brooklyn, mas o amanhecer aconteceria dentro de cerca de meia hora.

Com um sorriso tomando conta do rosto, eu me espreguicei alongando os braços para cima e joguei as cobertas de lado. Estava me sentindo revigorada naquela manhã, depois de uma noite de um sono especialmente tranquilo e profundo.

A manhã surgiu clara e límpida, com uma brisa fresca soprando pela janela aberta do meu quarto. A meteorologia havia previsto um belo dia de final de verão com a temperatura em torno dos 26 graus; eu usaria minha hora de almoço para fazer os últimos acertos nos planos de umas férias havia muito esperadas para Miami, Flórida, com a colega que seria minha companheira de viagem no mês seguinte; e o meu relacionamento com Roger, meu namorado, estava novamente às mil maravilhas. Duas semanas antes, uma briga séria quase havia posto tudo a perder, mas nós conseguíramos fazer as pazes no final de semana. E estávamos os dois empolgados. A reconciliação, além de ter servido para salvar seis meses de namoro, reacendera a chama da paixão. Mais do que nunca, nós sentíamos que havíamos sido feitos um para o outro.

Na manhã do dia 11 de setembro de 2001, eu não tinha nenhum motivo no mundo para reclamar. A vida era boa para mim. Muito boa.

Tomei uma chuveirada morna, rápida mas bem relaxante, e em seguida escovei depressa os dentes e abri o guarda-roupa. A escolha do traje foi guiada pelo meu estado de espírito animado: blusa lilás, minha saia preta favorita e um par de sapatos de salto agulha. Desde meus tempos de menina na ilha caribenha de Trinidad, eu adorava me arrumar. Pouco importava se era para ir à igreja ou só brincar na rua com os amigos — cuidar da aparência sempre foi algo fundamental para mim.

Depois de dar os retoques finais na maquiagem e nos cabelos, inspirei fundo e parei uns instantes diante do espelho para conferir se o visual exterior havia ficado à altura de como eu me sentia por dentro: linda, confiante, cheia de energia. Um sorriso se abriu no meu rosto. Sim, eu estava pronta. Ajustei o relógio no pulso esquerdo, desliguei a luz do banheiro e corri para pegar as chaves, a bolsa e os óculos escuros na mesa da cozinha. Com os óculos ajustados bem firmes no rosto, disparei porta afora e cruzei a curta distância sob o sol radiante na Fulton Street para chegar à estação bem a tempo de embarcar no trem das 7 horas para Manhattan.

De modo geral, foi uma manhã de terça-feira absolutamente comum. Com a única diferença de que Roger, que normalmente fazia o trajeto de trem comigo, nesse dia havia saído bem mais cedo para adiantar umas pendências que deixara no escritório. De resto, foi o percurso de sempre com os desconhecidos de sempre, que me acompanhavam todos os dias. O trem fez as suas duas paradas habituais — nas estações Chambers Street e Broadway-Nassau, onde saltei por volta das 7h50. A estação ficava a mais ou menos uma quadra do World Trade Center, um complexo comercial de sete edifícios na região de Lower Manhattan. Eu trabalhava no escritório da Autoridade Portuária de Nova York e

Nova Jersey localizado no 64º andar da Torre Norte, o prédio de 110 andares também conhecido como World Trade Center Um ou Torre Um. A torre era um daqueles arranha-céus tão imensos que faziam a gente ter vertigens se ficasse parada na entrada e virasse a cabeça para cima tentando avistar o topo. Só para chegar até o meu andar, eu precisava tomar dois elevadores entre as dezenas que existiam no lugar.

Depois de saltar do elevador no saguão do 64º andar, passei por uma das quatro portas de vidro que davam acesso aos escritórios e me dirigi para a minha mesa. Chegando lá, deixei a bolsa na cadeira e olhei o relógio de pulso: 8h05. Ai! Cinco minutos de atraso, e eu ainda nem havia registrado a minha entrada. Saí o mais rápido que os meus saltos-agulha-impróprios-para-correr permitiram rumo ao outro lado do andar, desviando com cuidado das pessoas que encontrava pelo caminho, para bater o ponto.

A Autoridade Portuária, que existe desde 1921, administra toda a infraestrutura de transportes da região, que abrange pontes, docas portuárias, terminais de ônibus e aeroportos. A sua missão, para dizer do jeito mais simples, é "manter a área em movimento". Dos mais de mil funcionários da entidade lotados no World Trade Center, eu diria que provavelmente cerca de setenta a oitenta trabalhavam no meu andar, incluindo membros da alta gerência, arquitetos e engenheiros. Eu havia sido contratada como assistente administrativa através de uma agência de empregos temporários, e estava no cargo desde o início daquele ano. Embora cuidar de serviços de escritório, contratada por meio de uma agência para trabalhadores temporários, estivesse longe de parecer uma conquista muito glamourosa, a minha rotina era recheada de tarefas realizadas com muito orgulho: digitar documentos importantes, marcar reuniões do alto escalão, atender ao telefone, fazer pequenas compras na rua, atender simultaneamente a dois chefes diferentes. A minha mesa era mais uma no mar de cubículos comuns, cinzentos e separados por divisórias altas que ocupava a parte central da extensão do andar. Sem grandes atrativos além do toque pessoal que eu dera espalhando algumas fotos de família — incluindo um retrato da minha filha, Kimberly — e alguns vasinhos de plantas, era uma mesa que servia ao seu propósito. Os funcionários da gerência ocupavam os escritórios particulares acarpetados dispostos em torno desse miolo dos cubículos, equipados com extravagantes janelas panorâmicas de onde se descortinavam vistas espetaculares da cidade.

Depois de registrado o horário de entrada, refiz o percurso até o meu cubículo e tratei de ligar o computador. Sabendo que a máquina levaria alguns minutos até ficar pronta para o uso, aproveitei para tomar o elevador outra vez e descer rapidamente até a cafeteria situada no 44º andar. Apesar de saber que meu estado de euforia natural seria capaz de me dar energia para durar o dia todo, o estômago começava a reclamar a sua dose diária de bagel recheado de cream cheese com chocolate quente para acompanhar. Sorri e troquei cumprimentos rápidos com os colegas que encontrei também tomando seus cafés, mas não havia tempo para parar e bater papo.

De volta à minha mesa, eu ainda tive a chance de dar uma pequena mordida no bagel e um golinho no chocolate quente — o meu desjejum de sempre — antes do início repentino, embora previsível, da corrida maluca de todos os dias. Diversas luzinhas da mesa telefônica se acenderam feito uma árvore de Natal. Um maço de correspondências mais espesso do que o meu bagel recheado foi lançado sobre a minha mesa para ser separado e distribuído. Havia uma carta deixada pelo chefe na noite anterior para ser digitada. O sistema de trabalho era eficaz em cada engrenagem, e ficar um instante sem nada para fazer era algo raro de acontecer ao longo do dia. Estar sempre ocupada desse jeito era uma das coisas que me faziam gostar daquele emprego... Além da companhia dos colegas de escritório.

Por volta das 8h35, Susan Miszkowicz veio caminhando na minha direção. Susan, uma engenheira civil que ocupava um cubículo a poucas fileiras do meu, havia se tornado uma boa amiga desde que eu começara a trabalhar ali. Com cerca de 40 anos, ela era solteira e morava com a mãe no Brooklyn. Quase sempre Susan fazia o tipo mais calado, e tinha um lindo par de olhos azuis emoldurado por um corte de cabelo curto e fantástico que sempre me deixava cheia de inveja. Ela era também um nome de destaque na sua profissão, tendo feito parte da Sociedade de Mulheres Engenheiras e ocupado, durante certo período, a presidência do braço nova-iorquino da organização. Susan era uma mulher muito gentil, inteligente e bonita.

Ela me perguntou como eu estava e se encostou na beirada da minha mesa, meio sentada, segurando com as duas mãos sua caneca de café fumegante como se a qualquer momento ela pudesse tentar escapar. A intenção era aliviar o estresse matutino reclamando um pouco do seu chefe. Não era nada de muito rancoroso, só as pequenas frustrações que todos nós temos de vez em quando com as pessoas para quem trabalhamos. Susan sabia que eu estava ocupada, mas, da mesma forma que se mostrava sempre disposta a me ceder o ombro amigo quando eu estava precisando, eu também costumava agir dessa forma. E, de qualquer maneira, aqueles oito meses trabalhando na Autoridade Portuária haviam desenvolvido a minha capacidade de lidar com várias tarefas ao mesmo tempo. Um bate-papo amigo, telefonemas para atender, uma carta para digitar, correspondência para separar, um bagel para comer... Tudo certo, sem problemas.

Susan ia falando entre um gole e outro do café. Quanto mais desabafava, mais a sua expressão ia se desanuviando. Depois de mais ou menos dez minutos de conversa, ela se preparava para voltar à sua mesa quando a voz congelou no meio da frase que estava dizendo. Os meus dedos, que até então se ocupavam digitando a carta do chefe, pararam em sincronia com o silêncio repentino dela. O telefone da minha mesa tocava, mas a campainha se transformou em mero ruído de fundo para um estrondo do lado de fora que capturou a nossa atenção. Eu deixei que o serviço de caixa postal se encarregasse de atender à ligação.

— Você ouviu isso? — perguntou Susan.

— Ouvi, sim.

O barulho, ligeiro mas bem forte, havia soado estranhamente familiar, apesar de eu não conseguir identificar exatamente por quê. Embora nunca tivesse ouvido um tiro na vida — não fora da TV ou do cinema, pelo menos —, tinha quase certeza de que o estrondo não fora de arma de fogo. Parecia mais um vidro se espatifando. Era isso — o ruído de uma coisa despedaçada. Mas a fachada do nosso prédio era toda revestida de vidro. O barulho podia ter tido origem num andar acima do nosso, ou abaixo, ou talvez nem tivesse sido na mesma torre. Podia ter sido uma explosão em um dos outros edifícios do conjunto. A Torre Sul, gêmea da nossa, ficava bem ao lado. Susan me olhou com a mesma expressão confusa que certamente eu tinha no rosto.

— Mas o que foi...

E foram só essas quatro palavras que saíram da boca de Susan antes que ela fosse silenciada abruptamente outra vez, agora por uma vibração forte e constante que chegara roncando por baixo do assoalho, por cima do teto e através das paredes, cruzando o andar de uma extremidade a outra com um enorme zumbido pulsante.

Bumbumbumbumbumbumbumbumbumbumbumbumbumbumbumbumbumbumbum...

Instintivamente eu me agarrei às beiradas da minha mesa, o polegar por cima do tampo e o restante dos dedos por baixo, enquanto firmava os sapatos no piso sacolejante na tentativa de manter o equilíbrio. Susan deixou a caneca de café de lado e se agarrou a uma das divisórias do meu cubículo. Eu pude ouvir diversos gritos curtos e arfadas de susto dos vários colegas em volta. Muitos outros devem ter sido abafados pelo barulho. Tudo e todos foram sacudidos violenta e incontrolavelmente, ao ponto de sermos lançados a uns bons cinco centímetros do chão. O choque passou apenas uma vez, como uma onda imensa. Mas esse foi só o princípio do caos.

No instante em que a reverberação cessou, foi como se o prédio inteiro oscilasse de alto a baixo.

— Meu Deus! — gritou Susan, com a voz trêmula de medo e os braços ainda enroscados com força em volta da divisória do cubículo.

Cento e dez andares de vigas de aço e concreto, com milhares de vidas humanas abrigadas em seu seio, estavam balançando devagar para a freeente e para trás... para a freeente e para trás... como uma árvore tocada pela brisa suave. Não era nada que tivesse força suficiente para nos jogar de uma parede a outra ou nos derrubar no chão, mas deixou a todos apavorados. Mais gritos e exclamações de medo ecoaram pelo escritório.

A sequência completa de acontecimentos — do barulho de estilhaçamento até a trepidação e a onda do zumbido final — demorou uns 15, talvez vinte segundos. Foi tudo rápido assim, embora tenha parecido durar muito mais. Depois que o prédio parou de sacudir e voltou à sua posição de equilíbrio, eu me ergui, hesitante. Com as mãos ainda agarradas à mesa, para o caso de haver mais alguma surpresa apavorante, corri nervosamente o olhar pelo recinto. Rostos perplexos pouco a pouco foram surgindo de trás de diversas divisórias. Ninguém parecia estar machucado. Nada no nosso campo de visão fora derrubado. Mas isso não foi suficiente para deter o impulso de algumas pessoas, que instintivamente recolheram seus pertences e começaram a se encaminhar para as saídas. Não foi como um estouro de manada. Todos pareciam relativamente calmos. Mais do que qualquer outra coisa, notavam-se olhares perplexos disparados de um lado ao outro da sala, acompanhados pelo burburinho constante de uns perguntando aos outros o que poderia ter acontecido afinal.

O dia que havia amanhecido com uma aura especialmente alegre para mim já não parecia mais tão auspicioso. Sentir um arranha-céu ser sacudido não era uma coisa normal.

CAPÍTULO 2

Ficar ou ir embora?

Ao longo dos 28 anos da minha vida passados em Trinidad, eu havia sobrevivido a alguns terremotos assustadores. Estar no meio de um terremoto não é nada divertido. E não há como você se preparar para eles, porque o tremor e as sacudidas chegam sem aviso. O indivíduo fica basicamente à mercê dos elementos, buscando abrigo se tiver condições para tal e torcendo para que tudo acabe o quanto antes. Mesmo fazendo menos de dois anos que me tornara moradora de Nova York, eu tinha quase certeza de que eventos sísmicos na Costa Leste americana eram ocorrências bastante raras. Ainda assim, que outra explicação lógica haveria para aquilo que nós acabáramos de vivenciar? Todas as sensações reproduziam a minha experiência com os terremotos em Trinidad. Apesar de nunca ter estado dentro de um arranha-céu caribenho num momento de tremor, a oscilação de uma estrutura tão alta e isolada do seu entorno me parecia uma consequência provável para um abalo desse tipo.

Susan e eu nos encaminhamos cautelosamente para o escritório vazio do meu chefe do outro lado do corredor, na intenção de tentar avistar qualquer coisa incomum que pudesse estar acontecendo lá fora. E estava. O ar do lado de fora da janela havia sido tomado por uma nuvem de pedaços de papel e outros destroços. Num andar alto como aquele, ter a visão bloqueada por qualquer coisa que não fosse um pássaro ou avião ocasional era, sim, uma ocorrência altamente incomum. Eu colei os olhos aos papéis que esvoaçavam a poucos centímetros dos nossos rostos, querendo poder congelar seu movimento por tempo suficiente para me permitir ler o que havia escrito neles e ter alguma ideia sobre de onde poderiam ter surgido. O meu olhar acompanhou um dos pedaços até onde conseguiu, hipnotizado por aquela visão extraordinária. Balançando suavemente, ele parecia estar descendo muito mais devagar do que os outros. Mesmo me esforçando para ler, eu não conseguia decifrar o que havia escrito no tal papel. E foi então que minha atenção se desviou para outra coisa que havia no nível do chão.

— Ei, Susan, aquilo ali é um incêndio?

— Onde? — Ela ficou na ponta dos pés e esticou o olhar, tentando avistar o que se passava 64 andares abaixo.

Algumas sombras bruxuleantes em tons de alaranjado e preto se alternavam, como se produzidas por fogo e fumaça.

Independentemente da existência de um foco de incêndio, a chuva de papéis vindos do alto tornava improvável a hipótese de que tivesse havido um terremoto. Uma das janelas do prédio devia ter se quebrado, embora parecesse estranho pensar que um tremor de terra houvesse estilhaçado uma vidraça tão alta e tão reforçada.

— Só pode ter sido uma janela que espatifou — afirmei.

— Isso explicaria pelo menos o estrondo que ouvimos — acrescentou Susan.

Com as bochechas coladas à janela, nós tentamos enxergar o mais alto e o mais perto da fachada do prédio que conseguimos. Mais papel, muito papel, vinha se derramando do céu azul e límpido. Será que houvera uma explosão de gás em algum dos andares? O edifício tinha uma tubulação de gás, para início de conversa? Eu não conhecia os detalhes da infraestrutura da torre.

Frustradas por não termos conseguido descobrir nada de novo, Susan e eu voltamos para o salão principal pensando em espiar por outras janelas para ver se encontrávamos mais alguma pista sobre o que havia acontecido. Nos outros escritórios, diversas pessoas haviam feito o mesmo que nós, e nesse momento descolavam a bochecha das vidraças com expressões igualmente desnorteadas no rosto. Nós ficamos vagando pelo andar, de um escritório para o seguinte. Cerca de dez minutos depois do estrondo inicial, Susan e eu esbarramos em Rosa Gonzalez.

Rosa ocupava um cubículo a cinco fileiras do meu e havia se tornado uma boa amiga desde a minha chegada à Autoridade Portuária, meses antes. Era com ela que eu planejava viajar para Miami em outubro. Nós duas tínhamos muita coisa em comum: ambas éramos secretárias mais ou menos da mesma idade, as duas solteiras, com uma filha de um relacionamento anterior, e que gostavam de se divertir de vez em quando em alguma das boates da região. Só ainda não havíamos conseguido marcar de ir juntas a uma dessas saídas noturnas. A intenção de fazer isso existia, mas como nossas agendas nunca eram compatíveis, nossa vida social se limitava aos almoços e paradas para o cafezinho durante o trabalho. E esse era o grande motivo pelo qual estávamos tão ansiosas pela tal viagem de férias juntas.

A voz de Rosa soava firme, mas o rosto tinha uma expressão de nervosismo e estava até um pouco pálido.

— Acho que um avião bateu no prédio — disse ela suavemente.

Eu pensei que não tivesse escutado direito.

— Um avião? Não brinque com isso.

Mas ela não estava sorrindo. Quem poderia imaginar, entre todas as possibilidades...

— Por que você está achando isso? — indaguei.

— Foi só um comentário que ouvi de algumas pessoas — falou ela, com o olhar perdido do lado de fora da janela.

— Nossa, é incrível como esses boatos se espalham depressa e ganham vida própria. — Eu soltei um riso nervoso, tentando amenizar o clima de tensão.

Mas a reação de Rosa foi me lançar um olhar muito sério, como se ela tivesse certeza de que algo terrível acontecera.

Bem nesse momento, um supervisor chamado Joe Roque se aproximou e disse que nós precisávamos sair do prédio. Ele não deu muitos detalhes, mas havia urgência na sua voz. Apesar disso, Rosa, Susan e eu não reagimos imediatamente à ordem. Por algum motivo, eu ainda não estava convencida de que se tratasse de uma emergência de fato. Bons 15 minutos haviam se passado desde que o prédio balançara. Por que entrar em pânico agora que as coisas pareciam ter se estabilizado? E, de qualquer maneira, a ideia de sair apressada para o térreo junto com outros milhares de pessoas dentro de elevadores lotados ou, pior, descendo as escadas, não parecia muito convidativa. Eu sentia que precisava de mais informações. Rosa, com a disposição sombria que havia mostrado no nosso diálogo, me surpreendeu por não ter virado as costas para descer imediatamente. E, naquele instante, a sua decisão me deixou feliz também. Eu achava que Susan, ela e eu deveríamos ficar juntas.

Algumas pessoas do nosso andar não hesitaram diante das instruções de Joe, encaminhando-se na mesma hora para os elevadores ou para as escadas. Eu imagino que muitos deviam ser funcionários antigos do lugar, gente que já trabalhava na Torre Norte em 1993, quando um caminhão cheio de explosivos fora detonado na garagem subterrânea. O atentado matara seis pessoas e causara danos consideráveis nos andares mais baixos. Acredito que, se eu tivesse estado lá na ocasião, teria me sentido mais inclinada a ir embora depressa também.

Outra coisa que me ocorreu era que não tinha havido sirenes ou um comunicado geral de evacuação. E esse era o procedimento que haviam nos ensinado desde que eu começara a trabalhar ali. Nos diversos treinamentos para emergências e casos de incêndio, o primeiro sinal de alerta era sempre o mesmo: a sirene, seguida do comunicado oficial pelos alto-falantes. Corri os olhos por todo o andar e não vi ou ouvi nada que me indicasse que seria melhor ir embora. Até onde era possível perceber, a energia continuava ligada. Não havia fumaça no ar. Nem um foco de incêndio. O instinto me dizia que o pior havia passado.

Assim, Rosa, Susan e eu voltamos às nossas mesas para dar alguns telefonemas. Eu liguei para Roger. Ele trabalhava como operador de prelo na empresa gráfica American Direct Mail, bem perto das torres, e tinha uma boa visão do nosso prédio de lá. Achei que ele talvez pudesse nos informar melhor sobre o que estava acontecendo.

— Oi, amor — eu cumprimentei, tranquila, quando ele atendeu.

— Oi, e aí? Tudo bem?

— Bem, não sei direito. Aconteceu alguma coisa aqui no trabalho, mas ainda não temos os detalhes.

— Como assim "aconteceu alguma coisa"?

— Pois é. Nós escutamos um estrondo e sentimos o prédio sacudir. Foi muito esquisito. Acho que foi algo num andar acima do nosso, porque vimos uma papelada caindo do lado de fora das janelas. Tem gente dizendo que um avião pode ter batido...

— Um avião? — interrompeu ele.

— Isso. Um sujeito nos disse para evacuar o prédio, mas, como não houve sirenes nem nada assim, não sabemos bem como agir. E a ideia de me meter no meio da multidão para sair daqui não me agrada muito. Aí da sua janela você consegue enxergar qualquer coisa de anormal?

Ele respondeu que não ouvira ninguém do trabalho comentar nada — o que, pensando em retrospecto, é algo surpreendente, mas que também comprova como o ataque foi repentino — e me pediu que esperasse enquanto se dirigia até uma janela que dava para a nossa torre para averiguar.

— Caramba, tem muita fumaça saindo da parte mais alta.

— Fumaça?

— Não dá para saber qual é o andar, mas fica acima do seu — afirmou ele. — Eu acho possível que tenha sido mesmo um avião, mas daqui não enxergo nenhum vestígio de peças metálicas saindo de nenhum lado da torre.

— E o que você acha que devemos fazer?

Roger respirou fundo.

— Provavelmente é melhor sair agora mesmo. Vai ficar tudo caótico de qualquer maneira, então é melhor prevenir do que remediar.

— Você tem razão.

— Estou saindo agora também — disse ele. — Encontro você na Century 21 daqui a vinte minutos.

A Century 21, conhecida loja de roupas de Manhattan, ficava em frente ao prédio onde eu trabalhava e era o nosso ponto de encontro habitual nas visitas que Roger me fazia durante o expediente.

— Certo — falei. — Combinado, então. Eu amo você.

— Também amo você.

Eu desliguei o telefone e respirei fundo, tomada por uma sensação de alívio e de que tudo iria ficar bem — e ao mesmo tempo começando a me perguntar qual seria a gravidade da situação nos andares de cima. Quanta fumaça seria "muita fumaça"? Seria possível que um avião pequeno realmente tivesse provocado aquilo? Teria havido tempo de retirar as pessoas dos andares de cima antes do acontecido — qualquer que tivesse sido ele? E, em caso contrário, será que essas pessoas estavam bem?

Ponderando que estava a apenas uns poucos minutos de elevador do térreo — mesmo que esses poucos minutos fossem ser gastos num elevador apinhado —, resolvi fazer uma última ronda pelo andar só para ver o que os outros estavam dizendo ou fazendo. Quase todos falavam ao telefone. Alguns pareciam ter ligado para seus entes queridos. Eu ouvi pelo menos uma pessoa falando com o que me pareceu ser a telefonista do serviço de Emergência. E outra, tenho quase certeza, conversava com alguém da polícia da Autoridade Portuária. Mas o que havia em comum entre elas era que, assim que desligavam o telefone, todas pegavam os seus casacos e se dirigiam calmamente para a saída.

Voltei ao meu cubículo e apertei alguns botões do teclado do computador para salvar a carta que estava digitando, antes de desligar a máquina. Aquilo poderia ser concluído no dia seguinte. Peguei minha bolsa e fui até a mesa de Susan, mas não havia sinal da minha amiga por lá. Como a bolsa dela continuava no mesmo lugar, e o computador, ligado, imaginei que ainda não tivesse saído. E quis encontrá-la para pedir que descesse comigo. Mas, antes disso, decidi seguir adiante até a mesa de Rosa, imaginando que ela também fosse querer ir embora. E a encontrei realmente por lá, só que com o corpo afundado na cadeira e o rosto escondido entre as mãos.

— Rosa?

Ela ergueu o rosto, e seus olhos estavam cheios de lágrimas. A Rosa que eu conhecia sempre se mostrara uma mulher alegre, divertida e cheia de senso de humor, que não parecia se deixar abalar por nada. Eu nunca a havia visto daquele jeito antes.

— O que houve? Está tudo bem com você? — indaguei, estendendo a mão para tocar o seu ombro.

A voz dela saiu trêmula.

— Genelle — disse ela, que parecia dominada pelo medo. — Nós precisamos ir embora daqui.

CAPÍTULO 3

Terrorismo

Eu sempre me enxerguei como uma pessoa de fibra. Precisei ser forte desde pequena, tendo crescido numa família com nove irmãos na qual sempre enfrentara batalhas acirradas na disputa por espaço e atenção. Apesar de me dar bastante bem com meus irmãos, muitas vezes precisei brigar pelo que queria e para impor a minha vontade. Obviamente, eu também sabia ser suave e emotiva quando as circunstâncias pediam, mas era raro que me visse sem saber como lidar com alguma situação. Aquele dia de setembro, entretanto, havia chegado para testar a minha determinação.

— Rosa, o que foi? Por que você está chorando? — As lágrimas e o medo que vi nos olhos dela fizeram o meu coração acelerar. De repente, senti falta de ar.

— Estou assustada — disse ela. — Tudo o que eu queria agora era poder ficar perto da Jennifer.

Jennifer era a filha de Rosa, que àquela hora devia estar na escola. Uma garota mais ou menos da mesma idade da minha filha, Kimberly, que estava com 12 anos. Mesmo sem nunca ter encontrado Jennifer, eu sentia como se a conhecesse por causa de tudo que Rosa falava sobre ela. A menina era o seu grande orgulho e a sua alegria. Um tipo de sentimento que eu conhecia muito bem.

O estado emocional de Rosa mostrava que, obviamente, a reação dela à situação que estávamos enfrentando havia sido muito diferente da minha. Eu estava ciente de que precisávamos deixar o prédio. Rosa, por sua vez, parecia acreditar que corríamos risco de morte, que talvez jamais conseguíssemos sair do prédio e ela nunca mais fosse ver a filha de novo. Será que tudo isso podia ser verdade?

Meu pensamento então se concentrou em Kimberly, o orgulho e a alegria da minha vida, e na saudade que eu sentia dela. Minha menina morava em Trinidad com o pai, Elvis. Quando ela nasceu, eu tinha apenas 18 anos. Embora nunca tenhamos nos casado, Elvis e eu moramos juntos por seis anos numa tranquila casa de campo antes de decidirmos nos separar de vez. Durante esse tempo, fomos bons pais para Kimberly. Ele assumiu o papel de provedor, enquanto eu tomava conta da menina e da casa. Era eu que passava as noites em claro quando ela era bebê, e que ficava com Kimberly o dia todo também. Quando chegava do trabalho, Elvis preparava o jantar e ficava um pouco com a filha para me dar uma folga. Nós a levávamos à igreja todos os domingos e dávamos a ela tudo o que era preciso. Fazíamos um belo trabalho de equipe. E, mesmo depois de separados, Elvis e eu mantivemos relações amigáveis e continuamos a considerar Kimberly como o foco das nossas ações em comum.

Até que, no ano 2000, deixei o meu bebê para trás ao tomar a decisão de ir para Nova York correr atrás do sonho de ser cantora e dançarina profissional. O meu plano era levá-la para morar comigo assim que estivesse mais estabelecida e mais perto de realizar tal sonho. Até aquele momento de 2001, nós havíamos nos visto poucas vezes. Fazia mais de um mês desde a minha última visita. E nesse instante eu comecei a me perguntar se seria possível que nunca mais fôssemos nos encontrar novamente. Ou que eu nunca mais fosse ver Roger. Ou meus familiares. O meu coração afundou.

E o ânimo fraquejava à medida que iam chegando mais notícias ruins. Eu ouvi comentários sobre uma fumaça negra que estaria se esgueirando pelas frestas de algumas das portas de vidro do nosso andar. Algumas pessoas reuniram um monte de casacos e os encharcaram na pia da copa para prendê-los por baixo das portas. Elas também trataram de cobrir as molduras em torno com fita adesiva a fim de tentar conter a tal fumaça. Pat Hoey e Pasquale Buzzelli, dois gerentes que continuavam no andar, correram para fechar outra porta de vidro que alguém devia ter deixado aberta ao passar e que estava permitindo que a fumaça se alastrasse mais depressa. Eles também ajeitaram os casacos molhados por baixo dela e vedaram a moldura com fita adesiva. Eu não sei quanto tempo toda essa operação levou, mas a sensação era de que havia se passado só um ou dois minutos. Rosa continuava sentada na sua cadeira e parecia se recompor aos poucos, alheia a toda a comoção provocada pela fumaça — e eu queria que permanecesse dessa maneira. Eu mesma estava tendo que fazer um esforço para me manter tranquila enquanto observava as pessoas correndo de um lado para o outro daquela forma, e não havia necessidade de deixar minha amiga ainda mais perturbada do que ela já estava. Rosa, mais do que qualquer outra pessoa, parecia estar bem ciente de como era catastrófica a nossa situação.

— Rosa, nós vamos ficar bem — falei, sem muita convicção de estar dizendo a verdade. — Mas você estava certa, é melhor mesmo irmos embora daqui.

O que eu precisava de fato naquele momento era de um intervalo. Uma brecha de dois minutos em meio ao calor dos acontecimentos, só isso. O tempo que bastasse para encontrar Susan e nós três nos encaminharmos para a saída do edifício. Sem nada que nos distraísse a atenção. Nada que tirasse esse pensamento de foco. Sem nada que nos fizesse questionar se deveríamos mesmo ir embora ou não. Mas a vida não funciona dessa maneira. E o que aconteceu nos minutos seguintes foi que tudo se tornou ainda mais intenso.

Pat Hoey voltara para a sua sala e falava ao telefone, não muito distante de onde Rosa e eu estávamos. Ele conversava com um sargento da polícia da Autoridade Portuária, que lhe passava instruções:

PAT: — Sargento, aqui fala Pat Hoey. Sou funcionário da Autoridade Portuária. Estou no Trade Center.

SARGENTO: — Qual a sua situação?

PAT: — Estou no 64º andar.

SARGENTO: — Certo.

PAT: — Da Torre Um.

SARGENTO: — Entendido.

PAT: — Tenho um grupo de cerca de vinte pessoas comigo.

SARGENTO: — Certo.

PAT: — O que sugere? Devemos ficar onde estamos?

SARGENTO: — Fiquem onde estão. Há algum foco de incêndio no local?

PAT: — Não. Estamos vendo um pouco de fumaça no andar.

SARGENTO: — Parece que aconteceu uma explosão na (Torre) Dois.

PAT: — Entendido...

SARGENTO: — Portanto, tenham cuidado. Fiquem perto das escadas e aguardem a polícia chegar.

PAT: — Eles estão subindo, então? Certo. Vão checar andar por andar? Se puder, por favor, informe a eles que estamos aqui.

SARGENTO: — Pode deixar.

PAT: — E o meu ramal é... Se precisar, o número é 5397.

SARGENTO: — Entendido.

PAT: — Obrigado.

SARGENTO: — Tudo bem. Até mais.

Embora até ali nós estivéssemos ávidos por alguma definição, ter recebido as instruções do sargento mudou completamente o curso do nosso pensamento e, possivelmente, o nosso destino dali em diante. Pat desligou o telefone e saiu da sua sala.

— Atenção, pessoal — chamou ele, com as mãos em concha em volta da boca, tentando se fazer ouvir por todos. — Eles nos disseram para não tentar sair. Estão mandando a polícia nos buscar, e precisamos esperar onde estamos. Vai ficar tudo bem.

A minha ansiedade baixou um pouco. Algumas pessoas chegaram até a sorrir e começaram a bater papo umas com as outras tranquilamente. Rosa não parecia tão despreocupada, mas não estava mais chorando. As palavras de Pat obviamente fizeram com que ela se sentisse melhor. Além de terem nos dito para permanecer onde estávamos, havia a informação de que a polícia estava a caminho. Isso, no meu entender, sinalizava que o prédio não podia estar em situação de risco.

Nos vinte ou trinta minutos seguintes, meus colegas de trabalho e eu continuamos confortando uns aos outros e reafirmando que tudo iria ficar bem. Alguns começaram a especular o que poderia ter acontecido de fato — visto que nós continuávamos sem saber a essa altura — e outros voltaram aos telefones para falar com familiares e amigos. A única coisa que ninguém pensou em fazer foi trabalhar. A nossa atenção estava dispersa demais para isso.

Eu fiquei junto à mesa de Rosa, e Susan foi ter conosco depois de alguns minutos. Rosa e eu começamos a falar de todas as coisas positivas que conseguimos lembrar — Jennifer, Kimberly, a nossa viagem para Miami, talvez enfim conseguirmos sair juntas em algum fim de semana próximo... A tática parecia estar ajudando — até que ouvimos um grito histérico.

— Somos nós! É o nosso prédio!

Eu não sabia quem estava gritando, mas a voz partira da direção da sala de reuniões do andar. Susan disparou para lá, correndo feito louca. Rosa saltou da cadeira, e nós duas a seguimos. Várias outras pessoas convergiram para a sala de reuniões ao mesmo tempo. Lá dentro, um grupo assistia à TV, vendo... nós mesmos?

— Meu Deus — soltou Rosa num guincho agudo, antes de levar a mão à boca. Na mesma hora, a respiração dela começou a ficar entrecortada.

Eu passei o braço em volta dos seus ombros, tentando inutilmente consolar nós duas.

Com os olhos colados à televisão, eu não conseguia acreditar no que via. Rolos grossos de fumaça saíam dos andares mais altos do nosso edifício, numa imagem assustadora. Foi completamente surreal, um desses momentos em que por alguns segundos você precisa lembrar a si mesmo que está diante de uma imagem verdadeira, e não de alguma cena de pesadelo. Aquilo era mesmo o nosso prédio pegando fogo, mostrado numa transmissão ao vivo pela TV!

Alguém pegou o controle remoto e foi passando os canais. E lá estávamos nós outra vez. *Clique.* Outra vez. *Clique.* E mais outra. Nós estávamos em todos os noticiários, de todas as redes locais e nacionais. *Uau,* disse a mim mesma. *Mas o que está acontecendo, afinal?*

— A quantos andares daqui está a fumaça? — perguntei, sem me dirigir a ninguém em especial.

Não houve resposta. Tentei contar os andares do alto para baixo começando pelo 110, o último, mas isso era impossível. As janelas apareciam pequenas demais na tela da televisão, e havia fumaça demais para conseguir enxergá-las com clareza.

Eu reparei que a Torre Sul, ao lado da nossa, também estava em chamas. Roger não tinha me dito nada sobre isso. Como era possível que as duas torres tivessem pegado fogo? Será que o avião de que as pessoas estavam falando tinha atravessado uma das torres para ir se chocar contra a outra também?

— Shhh. Shhh — fez alguém, tentando ouvir o que o repórter da televisão dizia por baixo do burburinho na sala.

Todos pararam de falar para prestar atenção, mas as notícias só serviram para deixar todos nós mais confusos ainda — ou pelo menos foi esse o efeito que elas tiveram em mim. O repórter dizia que as torres haviam sido atingidas por aviões separados, possivelmente num ataque terrorista.

Eu me senti aturdida. A minha ideia de ataque terrorista a um prédio envolvia sujeitos metidos em roupas pretas ou em uniformes militares irrompendo pelas portas armados com metralhadoras, escalando as paredes externas do edifício ou tomando seus ocupantes como reféns. Cenas de diversos filmes começaram a passar pela minha cabeça. *Duro de matar* foi um deles. Como um avião se chocando contra um prédio poderia constituir um ataque terrorista? Não fazia sentido. Os terroristas não morreriam também, numa situação assim? O que teriam a ganhar, então? Nada parecia fazer sentido.

Foi nesse momento, depois de ter visto o tamanho do estrago e ouvido o repórter afirmar que dois aviões haviam atingido as torres, que eu me dei conta de que vidas haviam sido perdidas nos andares acima do nosso. Pessoas com quem eu havia cruzado na cafeteria mais cedo, que haviam dividido comigo um dos elevadores ou até vindo trabalhar no mesmo trem que eu pegara pela manhã. Pessoas que tinham simplesmente saído para o trabalho em mais um dia como qualquer outro, e que de uma hora para outra estavam mortas. Meu corpo estremeceu diante da realidade da situação.

Tomada por uma urgência súbita de escapar, tive que repetir para mim mesma as instruções do sargento ao telefone e pensar que a única coisa que mudara desde a conversa com ele havia sido a nossa consciência do que se passava. De qualquer forma, por que era mais seguro ficar onde estávamos? Como poderia ser? Do meu ponto de vista, certamente essa não parecia a atitude mais segura a tomar. E também não parecera ser do ponto de vista de Roger, quando havíamos nos falado. Ai, meu Deus, Roger! Eu havia me esquecido completamente de que ao desligar o telefone combinara de me encontrar com ele em vinte minutos. Esses vinte minutos já haviam se passado, e muito. Ele devia estar morrendo de preocupação.

Rosa e eu decidimos sair da sala de reuniões. Já tínhamos visto o suficiente. Caminhamos de mãos dadas até a mesa dela, seguidas pelo restante do grupo. Um grupo que se dispersou logo, a maioria das pessoas indo na direção das próprias mesas. Acho que todos tinham se dado conta de que ficar vendo o noticiário não iria ajudar em nada. Quando chegamos ao cubículo de Rosa, entreguei a ela alguns lenços de papel da caixa sobre a mesa. Minha amiga ainda continuava tentando acalmar o ritmo da sua respiração.

— Eu preciso dar um telefonema. Já volto para cá, está bem?

— Tudo bem — respondeu ela numa voz suave.

Eu não tinha telefone celular nessa época, e não quis telefonar para Roger da mesa de Rosa com medo de que a conversa fosse deixá-la ainda mais perturbada.

Correndo até a minha própria mesa, fui discar o número do celular do meu namorado.

Depois de Kimberly, Roger era a pessoa mais importante na minha vida. Ele também havia nascido em Trinidad e já morava em Nova York quando eu me mudara para a cidade. Apesar disso, nós dois havíamos nos conhecido na ilha, na minha segunda viagem de férias para visitar Kimberly em fevereiro de 2001. A visita aconteceu na época do carnaval, um evento muitíssimo popular em Trinidad e Tobago. (Tobago é uma ilhota situada ao lado de Trinidad; juntas, as duas formam a República de Trinidad e Tobago.) O carnaval por lá acontece nos dois dias que antecedem a Quarta-Feira de Cinzas, da mesma maneira que os festejos do Mardi Gras em Nova Orleans. Roger e o seu irmão, Bryan, estavam participando da festa quando ele me avistou a distância.

Há mais de um milhão de habitantes em Trinidad e Tobago, mas Bryan de alguma maneira parecia conhecer todas as mulheres do país. E aconteceu de Bryan ser amigo de Elvis. Portanto, ele me conhecia também. Quando me chamou para que conhecesse Roger, ele me apresentou como Judy, que é meu primeiro nome. Genelle na verdade é meu segundo nome, mas eu sempre preferi ser chamada por ele. Em Trinidad, entretanto, a maioria das pessoas ainda me conhecia como Judy.

Roger e eu nos demos bem desde o primeiro momento. Ele era alto, bonito, tinha um sorriso contagiante e um senso de humor delicioso. Nós trocamos números de telefone e combinamos de sair juntos quando voltássemos para os Estados Unidos. Sem perder tempo, ele me ligou já na semana seguinte, e dali em diante o nosso romance se desenrolou. Nós nos entendemos tão bem que poucos meses depois já estávamos morando juntos. Eu sei que parece uma decisão precipitada, mas fui tomada por uma sensação de que ele era a pessoa certa, e Roger sentia a mesma coisa em relação a mim.

Mas agora... E agora? Comecei a ficar cada vez mais nervosa com a nossa situação no edifício depois que me peguei imaginando que talvez nunca mais encontrasse Roger.

Liguei para o celular dele, mas a ligação caiu direto na caixa postal. Desliguei e tentei outra vez. Sem resposta. Dessa vez, deixei um recado.

— Amor, eu continuo dentro do edifício — falei, tentando manter a voz firme. — Não sei como vai ser. Nós temos que esperar que alguém venha em nosso resgate, está bem? Vou tentar ligar outra vez mais tarde. Tchau. Eu amo você.

Como não ouvi a voz de Rosa nem a vi quando levantei a cabeça, imaginei que estivesse tudo bem com ela. Decidi então ficar na minha mesa mais um minuto para tentar telefonar para minha prima Lauren, que morava no Queens. A minha irmã, Christine, viera de Trinidad para uma visita e estava hospedada com Lauren. Minha tia Gaily, mãe de Lauren, também estava na casa. Eu não quis ligar para Kimberly para não deixá-la assustada. Sabia que ela estaria na escola àquela hora, e tirar a menina da aula com uma notícia daquelas só faria com que ficasse muito preocupada.

— Alô? — disse a voz do outro lado da linha. Era Lauren.

— Lauren, aqui é Genelle.

— Genelle, meu Deus! Você já viu o que aconteceu?

Nem ela nem ninguém da minha família sabia que eu estava trabalhando no World Trade Center. Eles sabiam que era em Manhattan e
que eu havia conseguido um posto temporário na Autoridade Portuária,
mas ninguém fazia ideia da localização do escritório — apenas porque
o assunto simplesmente nunca havia surgido nas nossas conversas, eu
acho. Antes dos ataques desse dia, o World Trade Center era só mais
um conjunto comercial em Manhattan — um conjunto belo e marcante
na paisagem da cidade, claro, mas que para mim representava só mais
um complexo de escritórios. Simples assim.

Lauren disparou a falar, me transmitindo em tom de locutor de
esportes o que estava vendo na televisão. As vozes da minha tia e
da minha irmã se atropelavam ao fundo. Parecia haver umas vinte
pessoas na sala.

— Laur... Laur... — eu tentei interromper, mas ela não dava brecha.
— LAUREN! — Finalmente, consegui a sua atenção.

— O que é? O que aconteceu, Genelle? — perguntou ela.

— Lauren, escute o que vou dizer: estou nesse prédio que está aparecendo na televisão — falei, mais alto do que seria necessário. Estava
tentando manter um tom de voz tranquilo, mas a essa altura não me
restava muita calma que pudesse usar.

Minha tentativa de soar equilibrada, porém, não teve efeito em
Lauren. O grito que ela soltou em resposta me obrigou a afastar o fone
da orelha.

— Ai, meu Deus! Genelle está na torre! — berrou ela. Minha irmã
e minha tia gritaram em uníssono.

— Lauren? Lauren?

Eu não conseguia distinguir quem dizia o quê, e ela não ouvia minha
voz. Uma sensação frustrante. Até que de repente, do nada, eu ouvi um
baque. A barulheira cessou por alguns instantes.

— O que foi isso? — perguntei.

O grito de Lauren me interrompeu:

— Oh, não! Christine? Christine? Genelle, Christine desmaiou. Christine?

Quase como se estivesse sincronizado com o desmaio de Christine, o prédio começou a oscilar outra vez.

CAPÍTULO 4

Mensagens desencontradas

O instante que a coisa toda durou foi exatamente igual ao da primeira vez: um sacolejar desconfortável de um lado para o outro, como o início de uma volta no brinquedo do navio pirata do parque de diversões. Não foi nada tão forte a ponto de me fazer imaginar que o prédio estivesse prestes a partir ao meio, mas chegou com força suficiente para me levar a questionar por que eu não havia saído de lá imediatamente depois da primeira sacudida. Gritos vieram das cerca de vinte pessoas que ainda estavam conosco. Eu continuava com o telefone na mão, embora já não soubesse se Lauren estava do outro lado da linha. Era possível ouvir as vozes das três mulheres, mas eu imaginei que ela tivesse largado o telefone de lado para ir socorrer Christine.

Segurando o telefone entre a orelha e o ombro, cerrei os dentes e me agarrei ao tampo da mesa outra vez, aguardando pacientemente que a oscilação terminasse. Tudo deve ter durado cerca de dez segundos... Dez longos segundos.

— Amo todas vocês! — berrei para Lauren, sem saber se estava sendo ouvida. — Agora preciso dar um jeito de sair daqui! — E desliguei, com o coração começando a acelerar outra vez. Agarrei minha bolsa e passei os olhos rapidamente em volta para ver se não havia mais nada ali de que pudesse precisar depois. Então, corri na direção da mesa de Rosa.

Ela continuava usando os lenços de papel e com a respiração ofegante.

— Rosa, tente se concentrar em cada respiração, certo? Concentre-se em cada respiração.

Mas é muito complicado manter o foco em alguma coisa e assumir o controle das próprias emoções quando as más notícias não param de chegar. Dessa vez, o problema era a fumaça. Ela estava se tornando cada vez mais espessa na área do saguão, e começara a penetrar por todas as frestas que a levavam para a nossa sala. Ainda não havia chegado até o local onde Rosa e eu estávamos, mas já podíamos avistá-la a distância, avançando lentamente. Pasquale e outro dos homens presentes, Steve Fiorelli, sabiam, como o resto de nós, que seria preciso encontrar uma maneira de sair. E eles assumiram a missão de fazer isso. Depois de retirarem as fitas que vedavam uma das portas de acesso ao saguão, os dois abriram caminho pelo meio da fumaça para alcançar e abrir a porta para uma das escadarias do prédio. Eles não tinham muita esperança de que houvesse passagem por lá, mas para a nossa surpresa o lugar estava relativamente livre de fumaça, muito bem iluminado e vazio. Àquela altura, provavelmente todas as pessoas que haviam decidido deixar o edifício já teriam chegado lá fora ou deviam estar quase chegando. A ideia de que estaríamos num dos últimos grupos a sair era um pensamento tranquilizador.

Eles voltaram à área onde Rosa e eu estávamos. Pasquale assumiu o comando do grupo, o que era exatamente do que precisávamos.

— Isso é loucura. Precisamos sair daqui agora mesmo — falou ele, arrancando-nos do estado de imobilidade confusa em que estávamos mergulhados.

Todos pararam o que faziam e foram para junto dele.

— Os elevadores não funcionam — prosseguiu Pasquale. — Nós teremos que usar as escadas.

Não parecia o ideal, mas era a única opção que tínhamos.

Passava um pouco das 10 horas da manhã. Quando Rosa se levantou, eu peguei o telefone da mesa dela para tentar falar com Roger mais uma vez. Caixa postal de novo. Eu não deixei recado. Era preciso ir embora. Tomando Rosa pela mão, fui com ela para junto de Pasquale e do resto do grupo, onde Susan também estava. Havia 15 pessoas. Pat Hoey seria o número 16. Ele estava perto dali, no seu escritório, fazendo uma última ligação para a Autoridade Portuária a fim de informar-lhes sobre os nossos planos:

PAT: — Olá, aqui fala Pat Hoey. Estou no Trade Center, na Torre Um. Trabalho na Autoridade Portuária, no 64º andar. A fumaça está ficando muito pesada aqui. Nós vamos... estamos pensando em descer pelas escadas. É uma boa opção?

POSTO POLICIAL: — Sim, vocês devem tentar sair.

PAT: — Certo.

POSTO POLICIAL: — Certo?

PAT: — Obrigado.

POSTO POLICIAL: — Está bem. Até logo.

Pat saiu do escritório e disse a Pasquale que tínhamos permissão para sair. Algumas pessoas secavam lágrimas do rosto, mas todos pareciam controlados e em condições de fazer a descida.

— Não há muita fumaça nas escadas — falou Pasquale. — Todos prontos para sair?

— NÃO! — O grito veio da parte de trás do grupo.

O quê? Quem estava lá? Era alguma brincadeira? Quando me virei, dei de cara com um sujeito mais velho. Eu não o conhecia muito bem, mas me lembrava de vê-lo sempre por ali e sabia que era um engenheiro que trabalhava no andar. Eu tinha mesmo ouvido a voz dele dizendo "não"? Será que aquele pesadelo nunca chegaria ao fim?

— Este prédio foi projetado para não cair em hipótese nenhuma — disse ele, com um forte sotaque russo. — Ele pode oscilar, mas não cairá. Nós temos que atender às instruções que nos deram e ficar onde estamos.

Toda a confusão daquela manhã havia se resumido a um monte de mensagens desencontradas. E, obviamente, por mais esgotados que estivéssemos nos sentindo, ninguém ali tinha o poder de simplesmente fazer cessar aquela sequência terrível de acontecimentos. Depois da fala do sujeito de sotaque russo, o fornecimento de energia foi cortado em um dos lados do andar.

Eu não estava mais conseguindo lidar com aquela situação, e finalmente me permiti chorar. Rosa apertou meus dedos com mais força. Naquele momento senti que tinha deixado minha amiga na mão, que devia ter conseguido me manter forte por causa dela, mas ao mesmo tempo não sentia vontade de ser forte. Tudo o que eu queria era poder estar em algum outro lugar. Em Trinidad, com Kimberly. Do lado de fora, com Roger. Em qualquer lugar menos ali.

Comecei a pensar na minha própria mortalidade. E se tivesse chegado a minha hora? E se eu fosse morrer ali? Essa possibilidade específica me levou a refletir sobre a minha fé, ou a falta dela. Eu havia nascido e sido criada como católica, e frequentara a igreja durante quase todos os primeiros 28 anos da minha vida — entre a igreja católica aonde eu ia com meus pais ou a pentecostal que frequentava na companhia de Elvis. Depois da mudança para Nova York, deixara de ir à igreja por completo. Mas, durante os muitos anos em que frequentara a igreja em Trinidad, eu acompanhara os rituais religiosos só para agradar aos meus pais, a Elvis, ou para dar um bom exemplo a Kimberly. A minha mente se afastava de Deus à medida que meu foco ia passando para os aspectos mais materiais da vida. Eu acreditava em Deus, mas não a ponto de reconhecer o impacto da Sua existência no meu cotidiano. E agora, se não conseguisse sair da torre com vida, o que estaria reservado à minha alma? Eu me sentia apavorada demais para conseguir pensar nisso.

— Genelle, não se preocupe — disse Susan, como se estivesse lendo meus pensamentos. Ela mesma lutava para se mostrar forte quando passou os braços em volta dos meus ombros; minha mão continuava agarrada à de Rosa. — Nós vamos ficar bem.

Pasquale viu e sentiu o nosso medo, e o esforço que fez para conter a própria hesitação foi perceptível. Ele passou por cima do russo em benefício do grupo todo.

— É isso, então — falou num tom decidido. — Nós vamos embora agora.

CAPÍTULO 5

A descida

Num grupo coeso, nós nos dirigimos apressadamente para o outro lado do escritório, atravessamos a fumaça do saguão e fomos na direção da porta de acesso às escadas, passando pelos elevadores por onde eu havia subido apenas duas horas antes e que agora estavam inertes. A simples visão deles era exasperante, por sabermos que se fosse possível usá-los isso demandaria apenas uma fração do tempo e da energia que precisaríamos para descer a pé. Mas nós havíamos esperado tempo demais, e agora já não havia escolha.

Todos mantivemos a cabeça baixa, a boca e o nariz cobertos e os olhos semicerrados enquanto enfrentávamos a fumaça. Eu ouvi alguns sons esparsos de tosse, mas de maneira geral parecia que todos estavam enfrentando bem a travessia. A fumaça era espessa, mas nós conseguíamos enxergar o caminho. A minha mão continuava presa à de Rosa.

— Você está bem? — indaguei.

— Mmm-hmmm — disse Rosa, assentindo com a cabeça. — E você?

— Tudo certo — menti.

Nenhum de nós estava bem, mas tentávamos a todo custo manter o clima mais positivo possível.

Quando chegamos à porta de aço — a única coisa que havia para nos separar das escadas e da nossa esperança de liberdade —, Pasquale parou por um instante, com um ar solene como se estivéssemos prestes a passar para uma outra dimensão. Acho que a maioria das pessoas ali estava apreensiva com o que poderíamos encontrar do outro lado, mesmo com a informação dada por Pasquale anteriormente de que o caminho estava liberado. Afinal, a checagem feita por ele e por Steve acontecera alguns minutos antes. E, a julgar pela maneira como as coisas vinham mudando de rumo inesperadamente naquela manhã, ninguém confiava muito no que fora dito mais cedo.

Sem mais delongas, Pasquale empurrou a porta. Eu estava bem atrás dele, e me mantive o mais perto que consegui do seu corpo.

A visão à nossa frente foi exatamente a que ele descrevera. Nada. Nenhum foco de incêndio. Quase sem sinal de fumaça. As luzes acesas até onde nossas vistas podiam alcançar. Finalmente, algo dera certo para nós. Era uma pequena vitória, mas mesmo assim uma vitória. Pasquale trazia uma lanterna que havia encontrado num kit de emergência em um dos armários, mas felizmente parecia que não seria preciso usá-la.

Nós tínhamos um longo caminho pela frente — mais da metade da altura do edifício. A escada se parecia com qualquer escada firme de concreto de qualquer arranha-céu comum. Você descia mais ou menos dez degraus e chegava a um patamar, para depois enfrentar mais cerca de dez degraus. E esses dois lances de escada correspondiam a um andar. Não parecia tão ruim visto dessa maneira. Mas somando tudo — dez degraus mais dez degraus, vezes 64 andares... Tentei não pensar no assunto.

Ainda segurando a porta aberta, Pasquale voltou-se para nós e mandou que formássemos uma fila indiana. Eu continuei no segundo lugar, logo atrás dele. Pat e Steve ficaram mais para trás. Rosa estava atrás de mim, segurando minha mão. Duas posições atrás de Rosa vinha Susan, ainda parecendo bastante controlada. Entre Rosa e Susan estava o sujeito do sotaque russo. Apesar de ter insistido em que não deveríamos tentar sair e em que o prédio não iria cair, ele estava ali conosco. Acho que acabou concluindo que não faria sentido ficar para trás. Eu me senti aliviada quando o vi.

A descida aconteceu de maneira organizada, e nós nos mantivemos bem unidos, deixando não mais do que um ou dois degraus entre uma pessoa e a seguinte. Nós não estávamos correndo pelos degraus, mas mantínhamos um ritmo bastante acelerado. Cheguei a pensar em levar os sapatos nas mãos, ponderando que descer descalça seria menos doloroso do que de salto alto, mas não teria como carregá-los. Levava a bolsa pendurada num dos ombros, uma das mãos segurava a de Rosa e a outra estava apoiada no corrimão. A decisão então foi manter os sapatos nos pés até segunda ordem. Não havia muita conversa no grupo, até onde eu podia escutar, fora a voz de Pasquale de tempos em tempos assegurando a todos que o caminho à frente continuava livre e perguntando se todos estavam indo bem.

— Tudo certo. Pode continuar — era a resposta geral.

O grupo parecia bastante animado. E por que não pareceria? Nós finalmente estávamos a caminho da saída.

Cada patamar tinha a indicação precisa dos andares. Por mais cansados que estivéssemos ficando, pareceu que ao chegar por volta do 50º andar nós ganhamos uma dose extra de energia. Eu não saberia dizer por quê. Esse número talvez guarde uma significância psicológica quando se está num arranha-céu com cerca cem andares. Ao passar por esse marco e avistar o patamar do 49º andar, a sensação foi de que estávamos fazendo progresso e que nos encontrávamos mais perto do final da jornada do que do início, mesmo que tivéssemos descido apenas 15 andares. O marco seguinte veio por volta do 42º andar, quando, para nossa surpresa, nos deparamos com um grupo de homens do Departamento de Bombeiros da cidade de Nova York completamente paramentados, sentados nos degraus. Pasquale reduziu o ritmo ao passar por eles.

— O que estão fazendo aqui? — indagou.

— Só estamos tentando recuperar o fôlego — respondeu um deles, com suor pingando da testa, uma garrafa de água na mão e a voz muito ofegante.

Eu me senti esgotada só de olhar para as roupas pesadas e a quantidade de equipamentos pendurados em seus corpos extenuados. Não saberia dizer por que eles estavam subindo, ou qual seria o seu destino final. Talvez fosse o nosso andar. Talvez outro mais acima. Descer os degraus já estava sendo bastante difícil. Ter que subir, carregados como eles estavam, era para mim algo inimaginável.

— E como estão as coisas? — perguntou Pasquale.

— Está tudo certo — falou outro bombeiro em tom confiante enquanto se punha de pé para se preparar para a etapa seguinte da subida. — E vocês vão ficar bem. Apenas tentem ter cuidado na descida.

Eu já sabia que bombeiros têm um trabalho arriscado e que salvam vidas de pessoas todos os dias, mas, como nunca havia precisado dos serviços de um até aquele momento, não havia me dado conta dos verdadeiros heróis que esses profissionais são. E devo admitir que eu nunca tinha dado a devida importância a eles. Se alguma coisa pega fogo, as pessoas telefonam, eles vão até lá e apagam as chamas, você agradece, eles vão embora e pronto. Quando passam cenas de incêndios na televisão, o que chama mais a atenção geralmente são as imagens espetaculares das chamas e da fumaça, e não os homens e as mulheres corajosos que estão lutando para combatê-las e para resgatar as pessoas. Ter cruzado com aqueles homens equipados na escada, indo na direção do perigo em vez de tentar escapar dele, foi algo que ficou marcado na minha cabeça. Que demonstração maior de coragem poderia existir? A simples presença deles me encheu de esperança de que nós iríamos conseguir.

— Você ouviu o que eles disseram, Rosa? — perguntei, com um certo entusiasmo na voz, enquanto continuávamos a descida. — Nós vamos ficar bem. — E essas palavras foram ditas tanto para mim mesma quanto para que ela pudesse ouvir.

Firmes e fortes, nós continuamos descendo. As luzes, graças a Deus, ainda estavam acesas. Eu dei uma olhada rápida no relógio de pulso: eram cerca de 10h20 quando passamos pelo 30º andar. Nossa fila indiana continuava praticamente intacta. Virando para espiar por cima do ombro eu via que o sujeito de sotaque russo estava tendo que se esforçar, por estar já bastante cansado, mas vinha mantendo o ritmo e parecia determinado a não ficar para trás. Susan e todos os que vinham atrás dela pareciam estar se saindo bem. Quando chegamos ao patamar do 25º andar, aproximadamente, Rosa estacou. Eu reagi com surpresa, pois até então ela vinha descendo ao meu lado e parecia estar bem.

— Está tudo certo, Rosa?

— Genelle — disse ela, entre inspirações profundas —, por que você não tira os sapatos?

Eu tivera muito poucos motivos para sorrir nas últimas horas, mas essa frase me fez soltar um riso alto. Não só pelo comentário em si, mas por causa do momento que ela escolheu para fazê-lo. O clima era de tensão absoluta, mas Rosa conseguiu criar uma brecha nela, ainda que apenas por um instante, por ter reparado nos meus sapatos. Foi uma tirada irônica e ao mesmo tempo certeira. Ela estava certa, a dor nos meus pés era mesmo bem forte. Descer todos aqueles degraus duros equilibrada no alto daquelas coisas não era moleza. Sinceramente, eu não sei dizer por que não havia tirado os sapatos até ali, e não faço ideia se havia outras mulheres de salto alto no grupo também. Em meio a tudo que estava acontecendo, provavelmente eu não tivera cabeça para pensar nesse assunto.

— Eu preciso deles, Rosa — falei, sorrindo. — Afinal, o que vou calçar quando chegarmos lá fora?

Ela abriu um sorriso, chegou até a rir um pouco. Nós duas conseguimos nos isolar no nosso mundinho alegre durante aqueles poucos segundos — e assim garantir mais uma injeção de energia ao longo da nossa jornada.

— Em frente! — veio um grito lacônico da parte de trás da fila.

Nós continuamos a descida, acelerando um pouco o passo. Passamos pelo 20º andar... 19º... 18º... 17º... 16º. Com os olhos colados em Pasquale, à minha frente, eu me dei conta do quanto me sentia em débito com ele por ter assumido a liderança. Nós estávamos precisando de uma voz de comando em meio a uma situação que se tornara caótica. Se ele não tivesse tomado a iniciativa de escapar, provavelmente ainda estaríamos sentados em nossas mesas sem fazer nada além de afundar em apreensão. É difícil explicar de que maneira isso faz todo o sentido. O que teria nos impedido de simplesmente ir embora sozinhos? Já não víramos todas as evidências para nos convencer de que não era seguro ficar ali? A questão era que, naquele momento, estávamos aturdidos demais para agir. A situação estava confusa demais, e nós não conseguíamos tomar nenhuma atitude.

Comecei a sentir uma admiração igualmente grande por Pat e por Steve, que formavam a retaguarda, no fim da fila. Pat telefonara para a polícia. Steve havia ido com Pasquale checar a situação das escadas. Eu fui tomada por uma sensação de segurança ao me dar conta de que estava sendo escoltada por verdadeiros heróis.

Chegamos então ao patamar do 15º andar... 14º... 13º. Foi aí que eu finalmente parei para tirar os sapatos. Meus pés estavam doendo tanto que não conseguiria mais continuar calçada.

— Espere um instante — falei para Rosa. — Tenho que me livrar dessas coisas.

— Eu disse! — respondeu ela, sorrindo para mim.

Apoiando a mão direita no ombro esquerdo dela, que estava parada à minha frente, eu ergui o pé esquerdo para livrá-lo do sapato de salto. Mas, ao fazer isso, comecei a perder o equilíbrio. Meu olhar procurou o de Rosa, que estava com a mão apoiada no corrimão. Por que ela também estava se desequilibrando? Comecei a tombar para a frente. Não era só eu, ou Rosa. Tudo, todo mundo, estava sacudindo. Susan, o resto das pessoas na fila, o corrimão onde todas se agarravam desesperadamente.

Tudo que havia acima de nós, abaixo de nós, à nossa volta. A sensação foi parecida com a de terremoto que havia marcado o começo de tudo, só que cem vezes pior. Rosa soltou a mão que estava enlaçada à minha para girar o corpo e voltar correndo escada acima.

— Rosa! — gritei.

Eu não saberia dizer se ela me ouviu chamar, e também não sei por que subiu as escadas. Mas não faria diferença fugir para qualquer direção. Os degraus acima de nós estavam desmoronando. As paredes à nossa volta se abriam como se atingidas por caminhões de carga. O chão sob nossos pés rachava em todas as direções. Eu baixei o rosto e cobri a cabeça com as mãos enquanto pedaços de concreto de todas as formas e tamanhos choviam em cima de mim, como se eu estivesse sendo apedrejada. Imensas nuvens de poeira ergueram-se do chão à minha volta, fazendo os olhos arderem e tornando o ar irrespirável. A cada segundo que se passava, o rugido feroz à minha volta ia ficando cada vez mais alto, e o tremor, cada vez mais violento.

Não havia escapatória. Eu estava indefesa. Todos nós estávamos. Não sei como consegui resistir ao massacre físico daquela situação, mas o sofrimento emocional de saber que minha vida acabaria ali, que eu nunca mais voltaria a ver Kimberly ou Roger, era muito pior. Era o fim. Eu gritei o nome deles, tombando de joelhos no chão enquanto a Torre Norte do World Trade Center desabava em cima de mim.

CAPÍTULO 6

Enterrada viva

Brutal, diabólico, doloroso, detestável. Essas foram algumas das palavras que eu já usei para tentar descrever o inferno de ser soterrada por mais de noventa andares de um prédio desmoronando. Mas nenhuma palavra jamais será suficiente.

Eu já havia passado por situações complicadas na vida, mas nenhuma que fosse totalmente desesperadora. E essa é a parte pior da história — a sensação de desespero total. Não importava para qual direção eu me voltasse, não teria como evitar aquilo. Não havia maneira de me proteger fisicamente. Não havia abrigo para onde fugir, porque era o meu próprio abrigo que desmoronava. Nenhum daqueles que estavam comigo podia ajudar, porque todos estavam passando pelo mesmo horror. Não era uma situação que pudesse ser superada graças à fibra mental. Não havia escapatória.

E o que tornava tudo ainda pior era que nós havíamos chegado tão perto de escapar. Havíamos descido mais de cinquenta andares e estávamos a pouco mais de dez da saída, num estado de ânimo que era o melhor desde o começo de toda a confusão. No patamar do 15º andar, a ideia de que talvez não conseguíssemos sair já nem nos passava mais pela cabeça. Mesmo se a luz se apagasse, nós tínhamos a lanterna de

Pasquale. Mesmo que alguém desmaiasse de exaustão, nós estávamos tão perto do térreo que essa pessoa poderia ser carregada pelas outras até lá. Nós não conseguíamos imaginar, naquele ponto, nada que fosse capaz de nos deter.

O terror do desmoronamento durou cerca de trinta segundos, eu diria — ou provavelmente menos que isso. Mas pareceu uma eternidade. Quantidades inimagináveis de concreto áspero, vigas de aço pesadas, cacos afiados de vidro e sabe-deus-mais-o-que martelaram cada centímetro dos nossos corpos. Não era apenas a estrutura do edifício em si, mas tudo o que havia dentro dele: centenas ou até mesmo milhares de mesas de trabalho, cadeiras, arquivos metálicos, banheiros, canos, aparelhos de ar-condicionado, elevadores e eletrodomésticos variados, sem falar nas peças do avião que dera início a tudo. E nas pessoas. Meu Deus... as pessoas.

Depois de ter caído de joelhos, eu não consegui fazer mais absolutamente nada além de me encolher em posição fetal. E fiquei lá deitada com a cabeça enterrada entre os braços, os olhos bem fechados, os dentes cerrados e a respiração suspensa debaixo da chuva de destroços. Estava tensa demais para chorar ou gritar. Não tinha escolha senão sucumbir. Por fim, depois de um tempo que pareceu infindável, o desmoronamento acabou. E, quando isso aconteceu, o meu mundo se transformou por completo. Da nuvem branca de poeira e caos eu passei para a escuridão e o silêncio absolutos. Um silêncio quebrado apenas durante alguns segundos por uma voz masculina — uma voz triste, alquebrada, desesperada, que mal se fez ouvir ao longe.

— Socorro. Socorro — chamou ele.

E foi só isso. Eu não ouvi nem mais uma palavra. Durante os segundos seguintes, fiquei completamente imóvel, à espera de que algo mais acontecesse. Eu não sabia o quê. Mais pedidos de ajuda? Mais destroços caindo? Alguém que viesse em meu resgate? Mas não aconteceu nada. Só a escuridão e o mais absoluto silêncio. O que me levou a uma pergunta que eu jamais havia imaginado que faria a mim mesma, uma pergunta cuja resposta eu não podia acreditar que não soubesse.

Eu havia morrido?

Estava sozinha. Não conseguia ver nada. Não escutava nada. Estava sentindo muita dor, da cabeça aos pés. *Se estou sentindo dor,* pensei, *isso é um sinal de que não posso estar morta, certo?* A sensação era de ainda estar respirando, mas como era possível que eu continuasse viva depois daquilo? Não havia acabado de ser soterrada por uma torre inteira? Comecei a me perguntar se a situação toda não seria alguma espécie de pesadelo. Eu já tivera alguns sonhos que pareciam tão verdadeiros a ponto de me fazerem acordar coberta de suor e exausta. Se aquilo era um sonho, era preciso encontrar uma maneira de sair dele.

Ainda deitada na mesma posição, fechei os olhos. E me imaginei voltando a abri-los dentro de alguns minutos e estando de volta à minha cama no Brooklyn, com a brisa fresca soprando pela janela. Ou talvez acordando em casa, em Trinidad, com o sol quente e o barulho do mar. Em qualquer lugar menos naquele onde eu pensava estar. Por favor. Qualquer lugar.

— É só um sonho — eu repetia suave e metodicamente, sem parar, decidida a escapar do pesadelo. — É só um sonho. Só um sonho...

Mas não era. E eu sabia que não.

Abrindo os olhos, parei de tentar enganar a mim mesma. Eu estava perfeitamente desperta, enterrada viva, e mergulhada na mais completa escuridão. Ergui a mão esquerda até a altura do rosto, bem diante dos olhos, e não consegui enxergá-la. Nem mesmo uma vaga silhueta dela. Tive que fazê-la tocar a pele do rosto, só para ter certeza de que a mão estava mesmo ali. A mão e o braço direito estavam inoperantes, imprensados por baixo do lado direito do meu corpo. Quando eu me encolhera em posição fetal, no começo do desmoronamento, devia ter acabado prendendo o braço daquela maneira. Agora eu estava com a cabeça deitada sobre a orelha direita, imprensada entre o que me pareciam ser dois blocos pesados de concreto. Pontadas agudas de dor disparavam feito dardos pela extensão de ambas as pernas. A direita estava por baixo da esquerda, que por sua vez se encontrava esmagada sob o que parecia ser algum tipo de viga metálica. Com um grunhido, eu me esforcei como pude para movimentar o corpo, mas não tive nenhum resultado. Finalmente, tomada pela frustração, gritei o mais alto que pude:

— SOCOOOOOOOORRROOOOO! — Mas a minha voz não durou muito, nem chegou muito longe.

Uma tosse forte e seca interrompeu o grito, provavelmente porque meus pulmões e minha boca estavam cheios de pó. Eu comecei a mexer a boca para tentar criar um pouco de saliva, depois engoli com força e tentei gritar outra vez. Será que algum dos meus colegas conseguiria me ouvir? Será que eles gritariam de volta?

— SOCORRO! ALGUÉM ME AJUDE!

Era inútil. Eu estava tão soterrada, provavelmente tantos metros abaixo da superfície, que minha voz não chegava nem a ecoar. Era como estar presa num caixão fechado. Eu poderia muito bem ter apenas imaginado o grito em vez de ter gritado de verdade.

— Ninguém está escutando você — falei para mim mesma.

E, mesmo assim, continuei a gritar.

— POR FAVOR! ALGUÉM ME TIRE DAQUI!

Para minha surpresa, eu não estava chorando. Sentia-me irritada e, a cada segundo que passava sem uma resposta, cada vez mais frustrada.

— TEM ALGUÉM AÍ? AQUI EMBAIXO! ALGUÉM ME AJUDE! POR FAVOR, ME AJUDEM! — Por fim, eu me dei conta de como estava sendo ridícula. E de que estava ficando sem ar. — Muito bem, Genelle, vá com calma. Trate de relaxar — falei, não sei bem se em voz alta ou mentalmente. — De relaxar e pensar. Relaxar e pensar.

Depois de alguns minutos recitando esse mantra, cheguei a uma única conclusão: se quisesse ter alguma chance de sobrevivência, precisava arrumar uma maneira de me libertar. Teria que fazer isso sozinha. Permaneci imóvel por mais algum tempo a fim de reunir forças para a empreitada.

— Muito bem — disse a mim mesma passados mais alguns minutos, com um fraco resquício de confiança. — Ao trabalho.

Tentei espanar um pouco da poeira e da fuligem do meu rosto imundo e dos olhos irritados, na esperança de que isso me fizesse avistar algum traço de luz. Sem resultado. E fui obrigada a me resignar com o fato de que a escuridão seria definitiva. Voltei a atenção para a minha cabeça. Se eu conseguisse soltá-la, teria como movimentar o tronco e talvez até conseguir girá-lo para libertar o braço direito preso sob o peso dele. Tentei empurrar o bloco imenso de concreto para longe da minha testa. A superfície estava esfacelada e soltou alguns pedaços na minha mão, mas ele não se mexeu. Fiz em seguida uma tentativa de afastar o pedaço que estava atrás da minha cabeça, mas não haveria como. Eu não teria forças para estender os braços tão para trás e empurrar. Havia também um bloco grande por cima da minha cabeça — que talvez fosse ligado de alguma maneira ao bloco que estava na frente dela. Eu não tinha como saber se eram mesmo ligados ou não, mas também não consegui fazer com que ele se mexesse. Eliminada essa possibilidade, comecei então a tentar usar os músculos do pescoço para ver se podia esgueirar a cabeça para fora da sua prisão. E tudo o que consegui com isso foi fazer com que a dor de cabeça latejante que sentia ficasse mais forte e machucar o couro cabeludo, porque havia tufos do meu cabelo imprensados sob os blocos de concreto.

Depois de descansar por um instante, voltei a atenção para a parte de baixo do meu corpo. Se não fosse pela dor, eu nem sequer teria como saber que a perna direita, esmagada debaixo da esquerda, continuava lá. Tateando com a mão esquerda, senti a viga imensa de aço atravessada por cima de mim. Ela não era a única coisa sobre o meu corpo, mas foi a que eu consegui identificar usando o tato e a que parecia ser o objeto mais pesado me prendendo naquele lugar. Tentei empurrá-la, mas não adiantou. Tentei puxar. Nada. Tentei então dobrar a perna esquerda para junto do corpo enquanto empurrava a viga com toda a força outra vez. Cheguei a sentir os músculos da parte de baixo do corpo se contraindo, mas a perna não pareceu se mexer nem um milímetro. Continuei apalpando os objetos em torno da viga, para ver o que podia identificar. Tinha que haver algo que eu conseguisse empurrar. Mesmo que não fosse nada que fizesse diferença para me libertar, serviria pelo menos para me dar um pouco de esperança e a sensação de que estava fazendo algum progresso.

Foi então que senti alguma coisa estranha próxima à parte de trás da minha perna esquerda, ou talvez até meio enfiada por baixo dela. Era um objeto macio envolto em uma espécie de tecido. Puxei esse material, mas ele parecia preso ao objeto que envolvia. Eu dei mais alguns puxões, e cada um pareceu um pouco mais duro que o anterior. Mas, como tudo o mais até então, eu não estava conseguindo mover o tal objeto, e por fim acabei deixando-o de lado também.

A dor nas pernas era dilacerante. Era como se elas estivessem sendo fustigadas com ferros quentes, desde as coxas até os pés. E a cabeça parecia estar inchando, pois a pressão do concreto ficava cada vez mais forte. Tentei mover o corpo de todas as maneiras possíveis, um centímetro para qualquer direção que fosse, só para tentar aliviar um pouco a dor. Mas não estava funcionando.

A única parte que eu não havia tentado libertar até então era o braço direito. Por um instante eu me animei com a perspectiva de conseguir libertá-lo, pois assim teria duas mãos para tentar empurrar o concreto que prendia o resto do meu corpo. Mas de onde eu havia tirado essa ideia? Nada disso iria acontecer num passe de mágica. A minha cabeça estava imobilizada. As minhas pernas estavam esmagadas. Eu não conseguia mover nenhuma parte do corpo, de nenhuma maneira que fosse. Com o braço preso sob mim, e o corpo esmagado firmemente no lugar como estava, como eu podia pensar em libertá-lo? Eu não ia conseguir isso. De jeito nenhum.

Parei para descansar um pouco, pensando com afinco no que iria fazer em seguida. Enquanto ponderava sobre a situação, eu me dei conta de que tinha duas coisas a meu favor ali: o pequeno espaço livre que havia acima de mim — talvez do comprimento de meio braço, se tanto — e o fato de eu não sofrer de claustrofobia. O espaço me dava uma pequena área de manobra para tentar o que quer que eu decidisse fazer em seguida. E não ser claustrofóbica — bem, isso foi o que provavelmente me salvou de ter uma taquicardia e enlouquecer.

O rápido descanso me ajudou a respirar melhor, embora eu preferisse não ter que suportar o cheiro forte que era uma mistura de fumaça e pedra molhada impregnando o ar. O que quero dizer com "cheiro de pedra molhada" é o tipo de odor que costumamos sentir junto de riachos.

Depois que me dei conta de que eu provavelmente já havia feito tudo o que podia para tentar me libertar, sem sucesso, decidi fechar os olhos de novo. Um cochilo talvez ajudasse a renovar as minhas energias para empurrar uma parte dos destroços de cima do corpo. Por que não? Mal não poderia fazer. Eu não tinha mesmo como ir a lugar nenhum, e as outras táticas não estavam dando resultado. E posso afirmar sinceramente que a essa altura ainda acreditava que iria conseguir me libertar. Não sabia como faria isso, mas estava certa de que iria escapar dali.

Por força do hábito, antes de fechar os olhos, tentei olhar o relógio para ver que horas eram. Ele continuava preso ao meu pulso esquerdo — com a pulseira um pouco frouxa, mas ainda estava ali. Eu o levei para bem junto do rosto, do mesmo jeito que havia feito antes com a mão. Achei que talvez pudesse ser como quando nos deitamos à noite: assim que você apaga a luz o quarto parece muito escuro, mas depois de algum tempo a visão se ajusta, e a escuridão já não parece tão absoluta. A diferença era que no meu quarto haveria a luz do mostrador do relógio, as luzes vindas do lado de fora, as paredes de cores claras. E ali eu estava fechada num túmulo. Não enxergava nada, e continuaria sem enxergar durante todo o tempo que passei naquele lugar.

Baixei o braço ao lado do corpo, fechei os olhos e tentei espantar qualquer pensamento enquanto prestava atenção ao som da minha própria respiração. Não acho que tenha conseguido pegar no sono de verdade. Foi um daqueles momentos frustrantes de semiadormecimento nos quais a sua mente vagueia para longe, mas você continua consciente do que se passa à sua volta o tempo todo. Tentei visualizar a mim mesma escapando, as pessoas correndo na minha direção alegres, de braços abertos, e toda a felicidade que esse momento proporcionaria. Eu me vi telefonando para Kimberly para dizer que estava viva, e imaginei o reencontro com Roger. Tudo o que fosse capaz de me manter num estado de espírito mais positivo. Esse "sono" deve ter durado por cerca de vinte minutos, até que eu voltei a abrir meus olhos cheios de poeira, que continuavam ardendo. Nada mudara. Tentei novamente mexer cada parte do corpo — cabeça, pernas, pés, braços, mãos — sem conseguir ainda. Continuava presa, continuava exausta, continuava indefesa. O que mais poderia fazer? Eu não tinha celular. E, ainda que tivesse, não fazia ideia de onde poderia estar minha bolsa.

— Vamos, Genelle, raciocine! — comecei a repetir freneticamente para mim mesma.

Mas, se é que havia mesmo algo que eu pudesse fazer naquele momento, essa informação parecia estar perdida na minha cabeça. E eu fiquei lá deitada por vários minutos, aturdida e sem nenhuma ideia, só conseguindo pensar no fato de que ninguém estava me ouvindo ou me vendo. Já havia feito de tudo para sair de onde estava, mas isso não seria possível. A única coisa que me machucava mais do que as pontadas de dor atravessando o corpo todo era o silêncio assustador.

Como um lugar podia ser tão quieto? Onde estava todo mundo? A que profundidade eu estaria soterrada? Enquanto me fazia essas perguntas, acho que minha mente estava dominada pelo choque. Imagino que deveria estar chorando nessa hora, mas as lágrimas não saíam. Meus olhos arregalados simplesmente fitavam a escuridão, e eu mergulhava cada vez mais no desespero. Ninguém estava vindo me buscar, e não havia nada que eu pudesse fazer.

CAPÍTULO 7

Meu bebê

Imagine que você pudesse ter um sinal de alerta embutido na cabeça — um bipe, digamos —, programado para disparar quando só restassem mais um ou dois dias da sua vida. Qual seria a sua reação quando de repente ouvisse o alarme disparar? Você entraria em pânico? Começaria a chorar? A rir? Eu penso que, para a maioria, essa resposta iria depender da idade que as pessoas tivessem no momento do alarme, e do tipo de vida que estivessem levando. Para uma senhora de 100 anos, vivendo sozinha e cheia de dores crônicas depois de ter aproveitado ao máximo a sua existência, o bipe talvez soasse como uma música celestial que a fizesse dizer: "Até que enfim!" Alguém mais jovem, mas que tivesse tido uma vida boa e cultivasse a fé na existência de algo melhor nos esperando depois daqui, poderia aceitar em paz o aviso. Mas uma mulher de 30 anos e cheia de arrependimentos certamente morreria de medo, implorando para que o bipe parasse, assustada com o que poderia encontrar após a morte. A depressão não demoraria a desabar sobre seus ombros. Tomada pela dor e pela culpa, ela ansiaria por poder ter uma nova chance.

Naquele momento, eu ouvia soar bem alto e claro o tal alarme no meu cérebro. Na quietude à minha volta, ele era *tudo* o que eu conseguia ouvir, o que me deixava apavorada. Eu sabia que a morte era o desfecho inevitável para a minha situação — possivelmente dentro de alguns dias, provavelmente em questão de horas, ou talvez até de minutos. Não havia como saber o momento exato, mas sem dúvida o fim que me aguardava seria lento, doloroso e solitário. E só o que eu podia fazer era ficar ali deitada, imóvel, pensando em tudo o que iria perder, em tudo o que não conquistara, em tudo o que poderia ter feito melhor. E, sobrepondo-se a todos esses pensamentos, havia Kimberly.

Eu já contei que tinha deixado minha filha em Trinidad quando decidi correr atrás do sonho de ser dançarina e cantora em Nova York. Um sonho que eu acalentava desde menina. Quando era pequena, eu mesma recebera uma educação muito rígida, principalmente do meu pai. Ele e minha mãe atendiam a todas as minhas necessidades básicas de sobrevivência, mas eu nunca tive a chance de perseguir nenhum sonho que fosse, e raramente me divertia. O talento para a música e para a dança eram dons naturais, embora eu não tivesse muitas chances de exprimi-los com a vida que levava. Meu pai só me dava permissão para participar de concursos de canto e dança se houvesse algum prêmio em dinheiro que pudesse ajudar a família, ou se o evento fizesse parte do currículo escolar. Caso contrário, isso estaria fora de questão.

Elvis também era um homem muito rígido e conservador, que não gostava de me ver frequentar clubes ou festas na companhia de amigos. Ele se contentava com a vidinha que levava, indo de casa para o trabalho todos os dias e passando todo o tempo livre que tinha com Kimberly e comigo. Mas eu era jovem e ingênua demais para entender o valor disso. Aquela vida que julgava apenas maçante demais era a vida que o meu companheiro esperava que eu levasse. Só que, depois de ter sido oprimida pelas regras estritas dos meus pais durante tantos anos, eu não tinha mais como suportá-la. Depois que me separei, mesmo tendo ficado com a guarda de Kimberly, passei a ter mais liberdade para fazer o que tinha vontade. Mesmo assim, isso ainda não me bastava. Eu continuava sentindo um imenso vazio, que atribuía ao sonho irrealizado de transformar as vitórias nos concursos de talentos da infância em algo muito maior. Tudo o que eu mais desejava era brilhar nos palcos e levar a vida dos americanos famosos que eu via na TV quando era menina, e sabia que ficando em Trinidad nunca conseguiria nada disso. Finalmente, concluí que eu precisava fazer o que era melhor para mim e que isso também acabaria sendo o melhor para Kimberly a longo prazo. Em fevereiro de 2000, então, troquei Trinidad pelas luzes feéricas de Nova York. E deixei para trás a minha filha de 11 anos, que passou a morar com o pai.

A estada de Kimberly com Elvis era, na minha cabeça, um arranjo temporário. Meu visto de permanência nos Estados Unidos tinha validade de um ano, e minha intenção era mandar buscá-la assim que reunisse as condições mínimas para isso. Talvez eu logo me apaixonasse por alguém e estivesse casada, podendo levar Kimberly para viver conosco. De uma forma ou de outra, nós não demoraríamos a estar juntas novamente — e ela só precisaria ficar com o pai até que eu conseguisse providenciar isso.

Como seria de esperar, Kimberly sofreu muito e se mostrou confusa com a minha partida. A menina mal tinha completado 11 anos, não entendia como a mãe podia deixá-la para trás daquela maneira. Tentei explicar os planos que fizera para nós duas, mas crianças de 11 anos vivem apenas o presente, não o futuro (uma prova da inocência que ainda carregam consigo). Para ela, só o que importava era que eu não estaria mais lá naquele momento. Eu ficaria a milhares de quilômetros de distância, e isso era um sofrimento para a menina. Para tentar amenizar a dor, eu telefonava à noite sempre que podia, e também nos finais de semana. No começo, ela se recusava a falar por estar magoada demais. O pai não conseguia convencê-la a pegar o telefone. Mas, à medida que o tempo foi passando e que Kimberly se adaptou à vida com Elvis, a quem ela amava profundamente e em quem eu confiava para criá-la, a mágoa de mim foi amenizando. Tomei o avião para Trinidad algumas vezes para visitá-la, e ela também estivera em Nova York durante as férias escolares. A visita mais recente fora nos meses de julho e agosto antes da queda das torres, quando Kimberly já estava com 12 anos. Os períodos que passávamos juntas eram maravilhosos, mas curtos demais para uma mãe e uma filha desfrutarem a companhia uma da outra. Mesmo assim, eu continuava determinada a ficar em Nova York e construir uma vida melhor para nós duas... Ou, bem, uma vida melhor para mim, pensando que assim teria condições de trazê-la para morar comigo. A meu ver, a nossa separação era um sacrifício que ambas precisávamos enfrentar. Envolvida demais com meu sonho egoísta como estava, eu não me dava conta de que crianças da idade de Kimberly jamais deveriam ser obrigadas a sacrificar a convivência com a própria mãe, ainda mais em favor de um projeto que não passava de um tiro no escuro.

E, como acontece com muita gente que se sente atraída pelo brilho e pelo glamour dos Estados Unidos, eu não cheguei nem perto de construir uma carreira profissional como cantora e dançarina. Em vez disso, eu me vi trabalhando dura e diariamente em empregos convencionais variados para conseguir garantir meu sustento — fui babá, secretária, e cheguei até a trabalhar como instaladora de uma firma de TV a cabo. E, em vez de usar as noites livres para ir em busca do meu sonho com afinco, eu caí na vida das boates, saídas com amigos e farras com namorados. Fui ficando tão envolvida nisso tudo que os telefonemas para Kimberly começaram a rarear — de dia sim, dia não, passei a ligar somente nos finais de semana, e logo estava telefonando apenas de 15 em 15 dias. Eu procurava sempre compensar, ou pelo menos era isso que dizia a mim mesma, enviando "coisinhas" que ela não conseguiria encontrar com tanta facilidade no nosso país: bonecas Barbie, roupas de marcas famosas, sapatos finos. Essa foi a alternativa falha que eu encontrei para substituir as demonstrações do meu amor, mas que estavam longe de ser o que ela queria ou precisava. Muitas vezes cheguei a lhe prometer que logo voltaria para casa, mesmo sabendo como isso era improvável. Eu queria estar com ela. Eu a queria do meu lado. Queria voltar a ser a boa mãe que havia sido quando estava em Trinidad. Queria mesmo.

Mas de um jeito que não tivesse que abrir mão da diversão nem fosse obrigada a voltar para a vida pacata e maçante que levava na ilha.

Por mais cega que estivesse antes da queda da torre, agora, envolvida na mais completa solidão, eu passava a enxergar minha vida com uma clareza que nunca tivera antes. Eu havia falhado com Kimberly, e provavelmente não teria a chance de corrigir isso. Sacrificara o nosso presente em nome de um futuro incerto que agora não aconteceria mais. O que ela enfrentaria depois de receber a notícia da minha morte? Uma menina de 12 anos prestes a perder a mãe para sempre. Eu não conseguia suportar pensar em tamanho sofrimento.

Mais tarde soube que a notícia da queda das torres não demorou a chegar a Trinidad. Kimberly estava na escola no momento do ataque, e a turma dela teve a aula interrompida para acompanhar as reportagens a respeito na televisão. Assim como a minha prima do Queens, Kimberly sabia que eu trabalhava em Manhattan, mas não fazia ideia de que fosse no World Trade Center. Ela sabia também que a cidade era imensa, e por isso nem lhe passou pela cabeça que eu pudesse ter sido diretamente atingida pela tragédia.

Mais tarde, Elvis foi buscar Kimberly e as amigas na escola. Ela me contou que ele criara uma rotina diária de sair do trabalho para dar uma carona às meninas da escola até o ponto do ônibus que as levava para casa. Elvis costumava ser um sujeito alegre, mas Kimberly disse que nesse dia ele estava atipicamente calado e sério. Depois de ter falado com alguns parentes meus sobre o ataque, Elvis já sabia que ninguém tinha notícias minhas e que havia uma chance de eu estar na torre que caíra.

— Tudo bem com você, pai? — Kimberly perguntou.

Essa indagação simples bastou para abrir a represa. Elvis começou a chorar, coisa que a filha nunca o vira fazer antes. Mas, ciente da presença das outras meninas no banco de trás, ele logo tratou de se recompor. Embora tivesse ficado óbvio para Kimberly que havia algo errado, ele não quis dizer nada, sabendo que a deixaria em breve e que os dois ficariam longe um do outro por várias horas antes de se reencontrarem em casa à noite.

— Eu vou ficar bem — falou Elvis, forçando um ligeiro sorriso ao estacionar em frente ao terminal rodoviário. — Agora, trate de ir para casa. Mais tarde conversaremos.

Kimberly obedeceu. Depois de dar um beijo de despedida no pai, ela subiu no ônibus com as amigas, sem saber ainda que sua mãe estava em uma das torres que vira desmoronar pela televisão apenas algumas horas antes.

Deitada inerte sob os escombros, ansiando pela companhia da minha filha, eu me dei conta, num golpe duro, de que jamais iria vê-la outra vez. Havia sacrificado meus dois últimos anos ao seu lado para perseguir um sonho que nunca chegara a ser a minha prioridade de fato depois da chegada a Nova York, e isso custara o futuro que nós duas poderíamos ter tido juntas. De repente, a vida pacata e maçante em Trinidad começou a me parecer infinitamente atraente. Mas era tarde demais. Não havia como voltar no tempo. Só o que eu podia fazer era limpar a sujeira do rosto e cuspi-la de dentro da minha boca; era suportar a dor terrível que latejava nas minhas pernas e na minha cabeça, pensando em como eu definitivamente havia conseguido estragar tudo.

CAPÍTULO 8

Clareza

Da mesma maneira que fizera com Kimberly, eu permiti que o meu egoísmo ditasse o rumo do relacionamento com Roger. Havia me viciado na vida noturna de Nova York e não conseguia abrir mão dela, nem mesmo pelo homem que amava. Às vezes, Roger me acompanhava às boates. Ele também gostava de uma boa festa, mas não via os meus excessos com bons olhos.

— Por que você precisa sair toda sexta-feira? — costumava me perguntar sempre que o final da semana se aproximava e eu começava a fazer contato com os amigos para planejar mais e mais noitadas.

A festa, é claro, costumava se estender até o sábado, e muitas vezes só ia terminar nas primeiras horas do domingo.

— Porque é isso que eu gosto de fazer — respondia eu, sem pensar muito no assunto. — É o meu jeito de relaxar depois de uma longa semana de trabalho.

E, dessa forma, eu continuava saindo e me esbaldando com a bebida e nas pistas de dança enquanto ele ia, relutantemente, tolerando a situação. Eu sabia que eu era tudo na vida de Roger, tão importante para ele quanto ele era para mim. Meu namorado sempre esteve ao meu lado me apoiando incondicionalmente — e estava lá no 11 de Setembro também, esperando que eu saísse do edifício.

Mais tarde, Roger me contou que depois que combinamos de nos encontrar na frente da Century 21 ele foi caminhando do seu escritório até lá. O trajeto a pé levou mais ou menos vinte minutos, como o previsto. Deviam ser cerca de 9h30. Ao se aproximar do local, ele ficou impressionado com o barulho das sirenes ligadas e com as dezenas de caminhões de bombeiros, carros de polícia e ambulâncias. Eles pareciam estar por toda parte, enquanto o fogo continuava avançando gradativamente do topo para os andares mais baixos das Torres Gêmeas à sua frente. No início ele conseguiu processar normalmente o que via, pois a cena era exatamente a que esperara encontrar. Mas, com o passar dos minutos, a situação à sua volta foi se tornando mais caótica.

Roger logo se deu conta de que não havia sido um avião pequeno, ou mais de um, que batera nos edifícios. A poucos metros da entrada da loja onde ele estava, uma turbina e diversos pedaços enormes de metal quebrado e retorcido pareciam ter saído de uma aeronave de grande porte. A área fora isolada pela polícia, e havia guardas tentando evitar que as pessoas se aglomerassem em torno. A maioria não precisava ser enxotada, pois já estava ocupada tentando escapar. Muita gente, com ternos e vestidos rasgados pelos escombros, tinha ferimentos e cortes. Alguns pareciam mais machucados do que outros. Mas, segundo o relato de Roger, muito poucas pessoas pediam ajuda. Tudo o que elas queriam era ficar o mais longe possível daquele lugar. O cenário estava se tornando cada vez menos promissor, e isso ainda não era nada comparado ao que Roger e os outros transeuntes testemunhariam a seguir... Uma cena à qual nenhum ser humano jamais poderia estar preparado para assistir.

Roger começou a ouvir gritos vindos de algum lugar próximo. E, em seguida, uma pancada surda. E mais gritos. E outra pancada. E então...

Ele ergueu os olhos para o céu enegrecido e em chamas e viu pessoas caindo das janelas, uma a uma. Dezenas de seres humanos despencando dos locais perto de onde se viam o incêndio e a fumaça, a cerca de noventa ou cem andares de altura. E então, considerando a quantidade de corpos e o fato de que a parte alta dos prédios continuava estável, Roger chegou à estarrecedora conclusão de que aqueles indivíduos não estavam caindo, e sim saltando voluntariamente para a própria morte, estatelando-se no chão a poucos metros do local onde ele se encontrava.

Os corpos caíam sem parar, na descrição dele, quase como se as pessoas estivessem aguardando em filas a sua vez de saltar. Roger sabia que não havia chance de nenhuma delas terem imaginado que sobreviveriam a uma queda de tamanha altura. Elas tinham que saber que estavam saltando para a morte, o que o fez perceber como a situação lá em cima devia estar desesperadora.

Muito abalado, tentou ligar para o telefone da minha mesa de trabalho algumas vezes, mas o seu celular estava sem serviço. Ele gritou o meu nome e perambulou pelas ruas próximas me procurando. Gente ferida continuava a passar correndo na direção oposta. Corpos continuavam caindo do alto. Roger sabia que eu já deveria estar fora do prédio havia muito tempo. Agora eram 9h50 da manhã, e a calma que ele havia aparentado mais cedo dera lugar a um estado de pânico absoluto.

— GENELLE! GENELLE! — gritava ele, sem parar.

Procurando manter-se próximo ao nosso ponto de encontro, Roger ia e vinha freneticamente em todas as direções, tentando me avistar no meio da multidão. De volta à entrada da Century 21, ele sacou novamente o celular na esperança de encontrar no visor algumas barrinhas de sinal que fossem suficientes para conseguir ligar para mim. Quando não viu barrinha nenhuma, voltou a enfiar o aparelho no bolso.

E foi nesse instante que o chão debaixo dos seus pés começou a roncar.

Ele voltou os olhos para um grupo de pessoas próximo e viu que apontavam para o alto. Roger acompanhou a direção indicada e não pôde acreditar nos próprios olhos. A Torre Sul estava desabando.

— FUUUUUUUUUUUUJAAAAAAAAAAM! — Roger ouviu alguém berrar.

Gritos ecoaram de todas as direções. Roger girou o corpo e correu o mais depressa que conseguiu. Quando olhou para trás, não pôde ver nada além de uma explosão de poeira no seu encalço. Ele continuou correndo até sentir a pressão da nuvem de pó nas suas costas, feito um cachorro irritado e prestes a morder. Mudando de rumo bruscamente, jogou-se para dentro de uma loja de conveniência que havia no caminho.

— Tranque a porta! — gritou o dono na sua direção, querendo garantir que nenhum destroço voaria para dentro do lugar.

Já havia cerca de 12 pessoas ali, procurando abrigo. Assim que Roger girou a chave na fechadura, um sujeito que vinha correndo mais atrás surgiu do outro lado da porta e começou a esmurrar o vidro histericamente.

— Deixem-me entrar! Por favor, abram!

Roger voltou a girar a chave, abriu a porta para o homem e voltou a fechá-la bem a tempo de ver a nuvem branca de poeira passar diante da loja. O sujeito que entrou estava coberto de pó dos pés à cabeça, de acordo com a descrição que Roger faria mais tarde, e tinha o rosto pálido como o de um fantasma. Um grupo se apressou para espaná-lo como podia junto com Roger, antes de todos irem se abrigar no fundo da loja e o mais longe possível da onda de destruição. Meu namorado tentou usar o celular outra vez. Ainda sem sinal. Ele conversou com os demais, alguns em prantos, e todos ainda tentando entender o que havia acontecido.

— Eu tinha combinado de encontrar minha namorada na frente do edifício — relatou Roger, desesperado, ao resto do grupo. — Ela estava na Torre Norte.

Na loja havia pessoas que tinham escapado das torres, mas nenhuma me conhecia. Todas começaram a contar onde estavam no momento do impacto, o que viram e com quem haviam combinado de se encontrar. Quem possuía celular não conseguia fazê-lo funcionar. O dono ofereceu garrafas de água a todos. Ninguém podia fazer nada além de esperar a poeira baixar para sair e começar a procurar pelos seus entes queridos outra vez. Mas o pesadelo ainda estava apenas começando. Mais ou menos meia hora depois, o rugido que vinha do chão começou outra vez.

Era a Torre Norte... a minha torre... que desabava. De onde Roger estava ele não podia enxergá-la, mas quando viu uma nova nuvem de poeira igual à primeira passar diante da porta da loja, meu namorado soube o que tinha acontecido.

Depois de esperar um pouco para a nuvem ficar menos densa, e se sentindo incapaz de permanecer parado dentro da loja por mais tempo, Roger conseguiu um trapo para cobrir o nariz e a boca e partiu porta afora. Envolto pela poeira que ainda restava no ar, ele seguiu o fluxo da nuvem que corria na direção oposta à das torres, tirou o celular do bolso e ficou com os olhos pregados ao visor até perceber que o sinal havia voltado. Assim que isso aconteceu, ele discou o número do seu irmão Corey, que trabalhava a uma quadra dali e estava assistindo a toda a movimentação do terraço do seu prédio.

Roger passou para Corey um resumo dos acontecimentos da manhã, desde o meu primeiro telefonema até o tempo que ele passara me esperando em frente ao meu prédio.

— E você sabe se ela conseguiu sair? — indagou Corey.

— Ela deve ter saído — respondeu Roger. — Mas não tenho certeza.

— Muito bem. Venha me encontrar aqui no escritório, nós iremos procurar por ela.

— Combinado — concordou Roger. — Mas antes vou passar pelo meu trabalho para ver se por acaso ela ligou para lá. Meu celular estava sem sinal até agora.

O trajeto, que normalmente levaria vinte minutos, foi feito por Roger em apenas dez. Ao chegar, ele foi direto para o telefone da sua sala. Nenhuma mensagem.

— Onde você está, Genelle? — sussurrava ele, desesperado, começando a imaginar o pior. Roger sentou-se diante da mesa de trabalho, prostrado, olhando fixo para o aparelho e tentando fazer com que ele começasse a tocar. O que, obviamente, não aconteceu.

Coberto de fuligem e de poeira, meu namorado saiu do seu escritório alguns minutos mais tarde e correu até o trabalho de Corey para encontrá-lo.

— Alguma novidade? — perguntou o irmão.

— Nada — falou Roger.

— Nós vamos encontrá-la — prometeu ele.

A ideia de que eu ainda poderia estar lá dentro quando o prédio desabou já estava martelando na cabeça de Roger, mas depois ele me contou que se recusava a acreditar nisso. Afinal, ponderava consigo mesmo, a torre só tinha ruído mais de uma hora depois da nossa combinação de nos encontrar em frente à Century 21. Mesmo que eu tivesse tido que descer a pé pelas escadas, teria tido tempo suficiente para escapar.

— Alguns colegas sugeriram que a gente procure no Hospital St. Vincent — falou Corey. — Vamos até lá para ver o que descobrimos.

Roger não tinha pensado nisso. O St. Vincent, no Greenwich Village, devia ser um dos locais principais de atendimento às vítimas.

Chegando lá, eles se depararam com o cenário do caos. Havia gente por toda parte. Alguns, como Roger, em busca de desaparecidos; outros, ensanguentados, aguardando pacientemente pelo atendimento. Na recepção, eles encontraram uma mulher com uma lista de pessoas que haviam sido trazidas das torres.

— Eu estou procurando Genelle Guzman — disse Roger.

— Lamento, não temos ninguém aqui com esse nome.

— E quanto a Judy Guzman? — insistiu ele, esperançoso, tentando cobrir todas as possibilidades.

— Sinto muito — foi a resposta da mulher.

Depois das histórias e dos boatos que entreouvira das pessoas na sala de espera do hospital, Roger já não sabia mais o que pensar a meu respeito. Muita gente escapara. Muita gente morrera. Muita gente estava presa debaixo dos escombros. E de muitos outros simplesmente não havia nenhuma notícia.

— Vamos para casa — disse ele a Corey, desanimado. Não conseguia pensar em outra coisa para fazer.

Com o sistema de transportes da cidade praticamente parado, os dois se encaminharam a pé para a Ponte do Brooklyn. Quando chegaram ao outro lado, tiveram a sorte de conseguir um táxi que os levou até o nosso apartamento. Nenhum dos dois falou muito durante o trajeto. Dentro da cabeça de Roger, os pensamentos se atropelavam.

Ele temia que eu pudesse estar morta. Mas havia um detalhe que não lhe saía da mente o tempo todo: eu tivera mais de uma hora para escapar do prédio. Como era possível que não houvesse escapado? Roger encenou mentalmente hipóteses diversas. Talvez, ao ver as pessoas ensanguentadas, como ele mesmo vira, eu tivesse me apavorado e fugido do local. Talvez eu tivesse ido acompanhar alguém necessitado de ajuda. Talvez estivesse em algum outro hospital. Havia muitos "talvezes", mas não restara a Roger muita esperança em que ele pudesse se agarrar.

Ele certamente teria ficado arrasado com o meu desaparecimento qualquer que fosse o estágio do nosso namoro, mas o momento era especialmente sensível porque, como mencionei antes, nós tínhamos acabado de nos reconciliar depois de uma briga séria que ocorrera duas semanas antes. O motivo da desavença fora a minha percepção de que ele era controlador demais, sempre me dando ordens e não deixando espaço para que eu fosse a pessoa que desejava ser. Eu cheguei a chamá-lo de egoísta. Na minha cabeça, manter o nosso relacionamento seria como estar de volta a Trinidad com Elvis ou à casa dos meus pais. A coisa ficou tão séria que eu acabei terminando tudo e saindo de casa para ficar com a minha sobrinha, Carla, que morava no Queens. Estava decidida a não voltar. Não iria me deixar sufocar mais daquela maneira, afirmei. Depois de apenas um ou dois dias de ausência, Roger começou a telefonar para a casa de Carla todos os dias me pedindo que voltasse. No princípio me mantive inflexível, recusando-me a falar com ele. Mas acabei cedendo. Depois de longas discussões ao telefone seguidas por outras ainda mais longas cara a cara, nós dois havíamos reatado o namoro no final de semana com uma promessa dele de que me daria mais espaço para respirar.

Que irônico.

Ali estava eu agora, sozinha debaixo dos destroços, sem ninguém por perto de maneira nenhuma e literalmente quase sem espaço para respirar. E começando a perceber nesse momento que a egoísta da história havia sido eu mesma. Finalmente ficou claro na minha cabeça o que Roger queria o tempo todo: apenas levar uma vida feliz e tranquila ao lado da mulher que amava, sem ter que disputar espaço com a dança, a bebida e os flertes com outros homens. O que importava para ele eram as coisas menores e mais simples. As coisas menores e mais simples que geralmente fazem um relacionamento durar. Por que eu tivera tanta dificuldade para entender isso antes desse momento de completo desespero? E a quem estava querendo enganar, afinal? Eu o amava também, de todo o coração. Só que não soubera valorizar o namorado que tinha.

CAPÍTULO 9

O mal

Devia ser por volta de meio-dia ou uma da tarde, talvez até duas — eu não tinha como saber ao certo, obviamente —, quando tudo à minha volta começou a ficar muito quente. Não quente ao toque, mas a temperatura do ar estava subindo rapidamente. Gotas mornas de suor começaram a brotar da minha testa esfolada. O braço e a mão esquerdos, empapados de sujeira, estavam ficando pegajosos. A garganta, muito seca, arranhava. E aquele cheiro de rocha molhada... De onde estaria vindo? Será que podia haver água perto de mim? Ah, eu daria tudo por algumas gotas na minha língua ressecada! Qualquer coisa que pudesse aliviar a aspereza da minha garganta.

A sensação era de estar dentro de um forno. O calor ficava mais intenso a cada segundo, e a porta do forno estava lacrada. Eu já tentara inutilmente empurrar os destroços pesados de cima de mim, pensando que talvez fosse possível criar algum tipo de ventilação. Obviamente, nada havia se mexido. Bati com a palma da mão no concreto algumas vezes. Nada ainda. Comecei a dar socos leves enquanto procurava visualizar meu punho abrindo uma rachadura ampla o bastante para dar passagem àquele ar sufocante. Pelo menos a minha imaginação continuava funcionando bem.

75

Mudando o foco, comecei a pensar se o calor que sentia podia estar sendo criado por mim mesma. Devia estar desidratada, considerando que o único líquido que ingerira desde segunda-feira havia sido o gole de chocolate quente de mais cedo e um ínfimo copo d'água na hora de escovar os dentes. E não havia nenhuma brisa. Nenhum tipo de circulação de ar. Isso, somado ao esforço exaustivo para tentar virar e movimentar o corpo e abrir uma passagem para o ar, mais a preocupação que com certeza estava elevando a minha pressão arterial, obviamente resultava numa massa de calor corporal considerável e que não tinha para onde escapar. Decidi então ficar totalmente imóvel por um tempo para ver se isso me refrescaria. Mantive os olhos bem abertos para não pegar no sono e procurei me concentrar no som da respiração, o que não era difícil de fazer se pensássemos que esse era o único ruído que conseguia ouvir. Eu inalava suave mas profundamente pelo nariz, mal tolerando o fedor que vinha junto com as lufadas de ar. E exalava pela boca, de tempos em tempos esticando o lábio inferior de modo a lançar o ar exalado na direção da testa onde, combinado à umidade do suor, ele proporcionava uma ligeira sensação de refrescamento.

— Pense em coisas agradáveis — eu repetia para mim mesma. — Coisas agradáveis. Você vai conseguir sair daqui. Trate de relaxar agora. Relaxe.

Mas era impossível continuar com isso por mais do que alguns segundos. A lembrança de Kimberly me fazia sorrir. A ideia de que ela cresceria sem a mãe me dava calafrios. Pensar em Roger e no rumo positivo que o nosso relacionamento havia tomado era maravilhoso, mas a ideia de que ele provavelmente estava a uma ou duas quadras de mim e sem poder me ver ou ouvir era angustiante. E havia também o comentário que Rosa fizera sobre os meus sapatos na descida da escada, um pensamento que me fez rir. Onde estaria Rosa? Enterrada viva, como eu, ou morta? Comecei a me lembrar do grupo todo — Susan, Pasquale, o homem do sotaque russo... meu coração se apertava a cada nome. E pensei nos meus familiares, muitos deles ainda vivendo em

Trinidad, um dos lugares mais lindos do planeta. Mas nem mesmo a lembrança do meu país serviu para me consolar por muito tempo. Embora eu tivesse boas recordações da infância passada lá, tinha havido também momentos confusos, ligados sobretudo à minha fé religiosa.

Além do batismo católico, eu também recebera os sacramentos da reconciliação, comunhão e crisma. Durante a vida toda, frequentara uma escola católica. Antes de cada jantar em família, nós mantínhamos o costume de rezar. Tínhamos crucifixos pendurados nas paredes de casa. Minha mãe guardava um terço perto da cama, e o usava sempre nas suas orações. Nós nunca deixávamos de ir à missa aos domingos. O pároco local era amigo da família. As tradições e cerimônias religiosas faziam parte de todos os aspectos da minha vida cotidiana... Mas o catolicismo era uma fé que eu nunca cheguei a abraçar de fato.

E por que não?

Havia diversos motivos, sendo o maior deles um pecado que eu via diante dos meus olhos todos os dias. Os meus pais estavam juntos havia quarenta anos, e tiveram dez filhos. E o que podia haver de errado nisso, se o próprio Deus no primeiro livro da Bíblia, o Gênesis, nos dá a ordem "Crescei e multiplicai-vos"? Bem, vejam que eu disse que meus pais estavam "juntos" havia quarenta anos. Os dois não eram casados, e eu não fazia ideia de por quê. Jamais perguntei a eles. Não sabia qual seria a explicação que me dariam, e tinha medo de descobrir o motivo. Durante parte da minha infância, eu não soube que eles não eram casados. Sempre havia imaginado que fossem e pronto. E se não me engano até eles mesmos, às vezes, referiam-se um ao outro como marido e esposa. Mas, depois que descobri a verdade, passei a ter sérios problemas para aceitá-la. Como os dois podiam me ensinar a ser uma boa menina católica e a ficar longe do pecado se, de acordo com o que eu aprendera na escola, eles próprios, aos olhos de Deus, estavam vivendo em pecado? Isso sem falar na Santa Comunhão, que recebiam toda semana. Receber o corpo de Cristo com um pecado desses na alma já não era, em si, também um pecado? Além do mais, se os dois praticavam a confissão regularmente como deveriam, será que não confessavam esse pecado em todas as vezes? O comportamento dos meus pais era tão cheio de contradições que eu simplesmente não o compreendia, e nem me sentia capaz de relevar o que via em casa para poder respeitar plenamente a sua religião.

Quando Kimberly nasceu, Elvis e eu a batizamos na igreja pentecostal dele, e costumávamos frequentar os cultos de lá todas as semanas. Eu ia porque sabia que ele desejava que eu fosse, e que portanto essa era uma maneira fácil de conseguir manter um clima tranquilo entre nós. Nessa época eu também não me mantive tão distante assim da rotina com a minha família e das missas de domingo — exceto por algumas diferenças entre a fé católica e a pentecostal, a minha vida não mudara tanto. De qualquer maneira, o fato era que já não havia nenhuma diferença entre mim e meus pais: vivendo em pecado, com uma filha concebida fora do matrimônio, eu continuava frequentando a igreja. E me sentia uma grande hipócrita por causa disso.

Mas o que poderia fazer a esse respeito agora?

A temperatura não parecia mais estar subindo, embora ela também não tivesse refrescado muito. O ar estagnado e quase intolerável certamente não ajudava. Pensei que talvez não fosse morrer sufocada pelo calor, ou pelo menos não tão depressa. Mas será que a falta de nutrição daria cabo de mim antes disso? Fome eu não estava sentindo. Só sede. Por outro lado, que diferença isso poderia fazer? Morte era morte.

— QUERO SAIR DAQUI! — eu deixei escapar num tom irritado, cheio de frustração, estapeando outra vez os destroços em cima de mim. Mesmo sabendo que não conseguiria afastar nada, eu ainda tinha a esperança de que ouvissem o som dos tapas. — Alguém está me ouvindo? EI! ALGUÉM ME AJUDE!

Parando de gritar, fechei os olhos e prendi a respiração, atenta a qualquer possível resposta aos meus chamados. A qualquer barulho. Uma voz. Um farfalhar. Um pio que fosse.

Nada.

Essa explosao emocional, por mais curta que tenha sido, começou a me deixar com calor outra vez. Mas tinha que haver algo além de mim mesma que estivesse gerando todo aquele calor. Não era possível que só eu conseguisse esquentar tanto o ar tão depressa. E então me ocorreu que talvez o desmoronamento tivesse causado algum incêndio. Seria possível? Eu havia sentido cheiro de fumaça. Parecia provável que a fiação elétrica e a tubulação de gás que devia existir no edifício fossem pegar fogo numa situação como aquela. Isso sem falar na garagem subterrânea. A gasolina dos tanques devia ter provocado a explosão de alguns dos carros, e agora o calor se alastrava pelos escombros. E quanto ao cheiro de rocha molhada? Talvez a água dos encanamentos tivesse umedecido tudo. Ou mesmo a água dos caminhões de bombeiros que tinham vindo tentar apagar os focos de incêndio. Mas, se fosse esse o caso, eu não teria ouvido as sirenes ou sentido algum esguicho de água? Meu Deus, a quantos metros da superfície eu estaria soterrada? Ou quem sabe não tivesse havido incêndio nenhum, e quem sabe eu estivesse bem perto da superfície e os escombros tivessem sido aquecidos pelo sol da tarde? Mas, se fosse isso mesmo, por que eu não ouvia nada, nem enxergava nenhum sinal de luz? Muitas perguntas, nenhuma resposta — isso era tremendamente frustrante.

E havia ainda outra possibilidade se repetindo na minha cabeça sem parar: que aquela seria a primeira etapa da minha entrada no inferno. Por mais bizarra que essa ideia possa soar agora, ela não parece tão louca se você está enterrado vivo, cheio de dores e sem ter certeza de que vai conseguir se salvar. Quando criança, ensinaram-me que o inferno era uma experiência verdadeira e eterna de dor, muitas vezes provocada por fogo e calor. E agora que estava pensando no assunto, quanto mais o calor que eu sentia aumentava, mais a minha dor crescia também. As picadas agudas continuavam a fustigar minhas pernas de alto a baixo. A cabeça latejava como se fosse um tambor esmurrado no palco de um show de rock. A garganta parecia mais seca do que um deserto. Isso tudo seria mesmo uma amostra do inferno?

Eu me sentia física e mentalmente esgotada. Comecei a resvalar para períodos de inconsciência enquanto fazia esforço para me manter acordada, para superar o calor, para pensar desesperadamente em alguma maneira de aumentar minha chance de sobrevivência. Mas os pensamentos positivos haviam acabado. A única imagem que dominava a minha mente era a do inferno.

A grande ironia da minha vida era que eu sempre havia acreditado em Deus. Acreditado de verdade. Seria difícil não acreditar, considerando os ensinamentos que Ele lançava todos os dias sobre mim em casa, na escola e na igreja. Mas, com os sentimentos conflituosos que tinha com relação à fé, eu era uma daquelas pessoas que só reconheciam a existência Dele em duas situações: se fosse obrigada a isso, como numa sessão de orações na escola ou durante a aula de religião, ou quando estava querendo alguma coisa. Sempre que eu queria alguma coisa, quando menina, não pensava duas vezes em pedir a Ele. Se me visse numa emergência da qual sabia que não conseguiria me safar sozinha, ou se as coisas não estivessem correndo da maneira como eu gostaria, era a Ele que pedia para intervir a meu favor. Eu acreditava na Sua presença constante e invisível ao meu lado, mas infelizmente nunca me lembrava de rezar se não estivesse precisando de algo. Nunca cheguei a construir um relacionamento mais direto com Ele. Eu acompanhava a onda dos ritos religiosos, mas nunca me dei ao trabalho de mergulhar mais fundo na fé. E, à medida que fui crescendo, só fui me afastando mais e mais Dele, deixando aos poucos de rezar até mesmo quando precisava de alguma coisa. Claro que eu ocasionalmente dizia "Meu Deus, me ajude a passar por isso", mas nunca parava para refletir sobre exatamente a quem pretendia dirigir aquelas palavras. Elas eram só força de expressão. Eu tratava Deus mais como se fosse algum tipo de gênio da garrafa do que como meu Criador. E certamente nunca pensava em louvar e agradecer a Ele depois que já havia obtido o que estava querendo.

O que seria necessário, a essa altura, para fazer com que Ele me ouvisse? Havia bilhões de pessoas pelo mundo, melhores do que eu, que certamente eram mais merecedoras da Sua atenção. Será que Ele ao menos se importava comigo? E, se algum dia tivesse se importado, será que já desistira disso? Será que me daria ouvidos caso eu tentasse falar com Ele?

Bem, se Ele se importasse mesmo não teria me jogado naquela situação, para começo de conversa, teria?

Chega. Ali estava eu, mais uma vez, voltada egoisticamente para o meu próprio umbigo. E quanto a todos os outros que estavam no prédio no momento em que ele desabou? Obviamente, algumas boas pessoas deviam ter ficado presas e morrido no desastre. Não era possível que houvesse muitos sobreviventes à queda de um edifício. Partindo dessa premissa, por que então Ele havia deixado que esses indivíduos morressem e estava me permitindo ficar viva até aquele momento? Tinha que haver um motivo. Se pelo menos eu soubesse como conversar com Ele sem aquela perspectiva tão autocentrada... Estava me sentindo confusa demais, desesperada demais... triste demais, enfim. Triste por ter nascido e sido criada numa fé religiosa e mesmo assim não saber nem como rezar. Triste por ter me mantido na ignorância por tanto tempo e só perceber isso quando já era tarde demais.

A minha vida estava caminhando para o fim pelo menos cinquenta anos antes do que eu imaginei que aconteceria, e eu não sentia nenhuma ligação com Deus. Pela primeira vez, desde que me vira sepultada naquele buraco infernal, comecei a chorar. Apesar de toda a dor física, de todo o cansaço, de toda a sede, eu não havia derramado uma lágrima. Mas, nesse momento, ao me dar conta de como vinha desperdiçando minha vida durante a maior parte do tempo, finalmente cedi. Ao longo da infância e adolescência eu viera trilhando um caminho lento na direção do inferno com a minha ignorância a respeito de Deus, e na vida adulta acelerara o ritmo da derrocada graças à opção de ignorá-Lo. Agora me via no fim da jornada, parada às portas do inferno. O desdobramento natural seria simplesmente atravessar o umbral e mergulhar na danação eterna que eu fizera por merecer. Seria a escolha mais simples. Eu já podia sentir o diabo me dando as boas-vindas.

Mas, será que essa era a minha única opção?

Com essa interrogação martelando no fundo da cabeça, limpei as poucas lágrimas que meu organismo desidratado havia conseguido produzir e me pus a pensar no assunto. Seria possível dar meia-volta e tentar encontrar um meio de trilhar a estrada de volta para Deus? Como? Agora já parecia ser tarde demais. Ou não? Minha mente ficou tumultuada, com pensamentos vagando em todas as direções. Teria sido tudo tão mais simples se eu tivesse ficado ao lado de Deus desde o início, como fora ensinada a fazer... mas eu não ficara.

Comecei a me sentir agitada demais, assoberbada. Precisava parar de me questionar tanto, parar de perguntar "E se...?". Isso não estava me levando a nada. O que eu tinha que fazer era me acalmar, reorganizar os pensamentos e fazer alguma coisa para me desviar do caminho de pecado que vinha trilhando havia tanto tempo. Mas o que poderia fazer?

CAPÍTULO 10

Milagres

Ainda sem notícias do meu paradeiro, Roger e Corey chegaram ao nosso apartamento para encontrar um pequeno grupo reunido lá à sua espera: a irmã dos dois, Camille, que viera de Trinidad para uma visita, junto com amigos que tinham sabido da história depois que a notícia fora espalhada rapidamente pelo telefone. Roger ficou desalentado, mas não surpreso, quando constatou que eu não fazia parte do grupo. Todos trataram de abraçá-lo e de reafirmar que eu devia estar bem. Meu namorado se forçou a sorrir em resposta, sabendo que isso provavelmente não era verdade.

Depois de entrarem cabisbaixos no apartamento, eles ligaram a televisão para acompanhar os intermináveis boletins de notícias. O telefone fixo e alguns dos celulares dos presentes tocavam sem parar, e a cada toque Roger rezava para que fosse eu do outro lado da linha. Mas, a cada telefonema, ele só ia ficando mais deprimido. Roger sabia que cada segundo passado sem notícias minhas aumentava a chance de que eu não tivesse sobrevivido. Num dado momento, levantou-se de onde estava e postou-se diante dos seus familiares e amigos.

— Pessoal — falou ele, numa voz desanimada —, eu agradeço por todos terem vindo, mas agora preciso ficar sozinho.

No entanto, Roger não pediu que as pessoas fossem embora. Em vez disso, quem saiu da sala foi ele. Indo para a cozinha, abriu as portas do armário onde nós guardávamos as bebidas e pegou uma garrafa de rum. Ele a fitou por um momento, pensou em pegar um copo, mas acabou não vendo motivo para isso. Os outros só observavam seus movimentos, sem saber o que dizer, com medo de tentar fazer algo para impedi-lo. Roger foi então para o nosso quarto, fechou cuidadosamente a porta e sentou-se na nossa cama. Com lágrimas escorrendo pelo rosto, ele girou a tampa da garrafa. Depois de destampá-la, voltou os olhos para o alto e invocou mansamente a ajuda de Deus. Ele implorou a Deus que me salvasse. Roger acreditava em Deus e costumava rezar de vez em quando. Assim como eu, ele fora nascido e criado na fé católica, embora não frequentasse mais a igreja regularmente.

Voltando o olhar para a garrafa aberta que tinha na mão, ele ergueu o gargalo até os lábios, inclinou a cabeça para trás e tomou um gole enorme. Em seguida, recostou o corpo na cabeceira e continuou a chorar. Roger só voltaria a sair do nosso quarto no dia seguinte.

Provavelmente no mesmo momento em que Roger chorava por mim, meu corpo penava com a dor provocada por todo o calor, pelo choro e pelos pensamentos sobre o inferno. Eu me sentia exausta, mas não queria dormir. Tinha consciência de que meu tempo estava se esgotando, e a última coisa que pretendia fazer era gastá-lo com o sono. E também estava apavorada com a ideia de dormir e não voltar mais a despertar — ou pelo menos não neste mundo. Tentei então combinar comigo mesma que iria manter os olhos fechados e a mente totalmente concentrada em investigar outras maneiras possíveis de escapar. Se conservasse as ondas cerebrais fervilhando de ideias, ponderei, conseguiria me manter num estado de semiconsciência. Só que esse plano não deu certo. Acabei pegando no sono, e dormi por bastante tempo.

Quando enfim despertei, eu estava muito agitada. Os olhos ardiam, e a minha mente tinha voltado a produzir sem parar imagens assustadoras do destino terrível que me aguardava. Como eu não me sentia nem um pouco revigorada, a sensação não era de ter apagado por muito tempo, mas sabia que devia ter dormido mais do que imaginava porque, da mesma forma que a temperatura antes havia subido bruscamente, ela agora estava caindo. O ar mais frio foi um alívio no início, mas em questão de minutos a temperatura caiu abaixo da minha zona de conforto, e o ar ficou gelado. Tão gelado que meus dentes começaram a bater. A pele, que antes estava morna e suada, agora ganhara uma textura irritantemente fria e pegajosa. Mais de uma vez tateei na direção da parte de baixo do corpo como se procurasse por um cobertor. Como se estivesse na minha cama gostosa, em casa. Mas tudo o que minha mão encontrava era o mesmo pedaço de aço bruto. Procurei em torno do corpo qualquer coisa solta que pudesse puxar por cima para me aquecer. Estiquei o braço até a parte de trás da perna esquerda, no mesmo ponto onde sentira o pedaço de tecido mais cedo. Puxei com um pouco mais de força do que antes, mas mesmo assim não consegui soltá-lo.

Por que estava frio daquele jeito? Será que os incêndios haviam sido apagados? Talvez tivesse anoitecido. Normalmente, o sol começava a sumir por volta das 19 horas.

Já haviam se passado mesmo mais de oito horas? O meu relógio continuava pendurado inutilmente no pulso. Encostei o pequeno círculo de vidro frio do mostrador na ponta do nariz como se assim fosse conseguir sentir os ponteiros lá dentro. Em seguida, levantei-o até a altura dos olhos e forcei a vista ao máximo, mas não havia meio de a escuridão ceder.

À medida que os minutos passavam, fui sentindo um medo que nunca havia sentido na vida. Era como se Satã estivesse me fustigando de todas as maneiras. Minha provação tivera início de manhã cedo, quando, apesar da convicção otimista de que conseguiria escapar do prédio em segurança, vi meus esforços serem ceifados pelo desmoronamento justamente ao chegar ao patamar da escada do 13º andar. Vocês conseguem acreditar? De todos os andares onde eu poderia estar no instante da queda, o desastre me atingira justamente na chegada ao malfadado número 13. Inacreditável. Depois disso, eu me vira soterrada e sem chance de sair, mas ainda plenamente consciente e alerta para que pudesse vivenciar e compreender cada mínimo estágio da dor física e psicológica que iria atravessar, numa provação que incluiu suportar a variação do calor extremo ao frio extremo. Eu havia sido condenada a refletir sobre todos os erros que cometi na vida sabendo que jamais teria a chance de reparar nenhum deles. Isso era pura tortura. Visualizei a imagem de Satã desfrutando cada momento, brincando comigo como quem joga um videogame, lançando sem parar o mal na minha direção e acumulando pontos maléficos a cada vez que o meu sofrimento aumentava. E eu não era a única vítima daquela conspiração sinistra do mal. Uma provação semelhante atingira todos os outros que estavam no edifício. Quantas vidas teriam sido destruídas? Quantas outras pessoas estariam sendo torturadas da mesma forma que eu? Só por obra de algum milagre implausível eu conseguiria escapar daquela situação.

Um milagre! Era isso! A palavra fez despertar alguma coisa — alguma coisa boa — nos meandros da minha mente. Acho que a repeti tanto para mim mesma que acabei conseguindo realmente mexer um pouco a cabeça presa entre as mandíbulas do concreto. Milagre. Essa palavra era a chave de ouro capaz de destrancar uma parte do meu passado e que poderia influenciar o meu futuro. Como havia sido mesmo essa história? Tudo acontecera quando eu era uma garotinha em Trinidad, e minha tia Hilda recebera um certo diagnóstico... O que era mesmo?

Pense, Genelle, pense!

Não conseguia me lembrar, mas era alguma coisa grave. Não um câncer, mas outra doença ou disfunção que estava destruindo a vida dessa tia. Ela sofria dores constantes, numa aflição sem fim. Tomava medicamentos regularmente, mas eles não conseguiam livrá-la do sofrimento. Uma coisa terrível. Lembro-me de ser levada pela minha mãe para visitar tia Hilda na casa dela quase todos os dias. Eu amava a minha tia, mas detestava vê-la naquele estado. Mamãe fazia todo o possível para que ela ficasse confortável durante o tempo que passávamos lá, e sempre reservava um momento para rezar por ela antes de irmos embora.

Recordo de ficar num canto observando, cheia de curiosidade, enquanto minha mãe fazia as orações. Em alguns dias, grupos de pessoas da nossa igreja apareciam para rezar junto com mamãe, impondo as mãos postas sobre a cabeça da tia Hilda. Era uma cena meio estranha e surreal. Eu os vi fazer isso por dias a fio, sem entender o propósito daquilo. Era óbvio que a doente não estava melhorando. Aliás, pelo ar agonizante que ela exibia o tempo todo, a impressão era de que piorava a cada dia. Eu achava um milagre que ainda continuasse viva, mas não era essa a visão que os outros tinham. Por que Deus permitiria que uma pessoa seguisse vivendo mesmo com tantas dores? Por que simplesmente não a levava para o Céu e pronto? Eu tinha certeza de que Ele não estava ouvindo as preces pela sua recuperação e que a hora da minha tia estava próxima. Ou... será que na verdade Ele estava, sim, escutando?

Certo dia, quando minha tia estava cercada por diversos membros do grupo da igreja, em oração, um padre entrou na casa. Ele era um homem gentil, com algo em sua presença que fazia todo mundo sentir que qualquer coisa seria possível. Esse padre sentou-se ao lado da minha tia e falou com ela por alguns instantes numa voz tranquilizadora, fazendo com que se acalmasse um pouco e deixando o ambiente menos carregado para todos os presentes. Ele então ergueu as mãos acima da cabeça dela e fez uma oração. Algumas orações, na verdade. Eu nunca soube quais foram. O padre falava depressa e muito baixo, quase num murmúrio indistinto. Presa onde estava agora, tive vontade de saber que orações foram aquelas, porque segundos depois de o padre concluí-las tia Hilda parou completamente de chorar. Uma onda de agitação se espalhou pelo quarto. Será que ela havia morrido? Não, eu ainda via seus olhos abertos. O padre arrastou a cadeira para longe da cama dela, observado por todos num silêncio de espanto. Tia Hilda, com uma expressão de confusão no rosto, olhava para o sacerdote como se dissesse: "O que foi que você fez?" Diante dos olhos de todos os presentes, inclusive dos meus, ela foi se sentando lentamente na cama. O silêncio foi quebrado por arfadas de espanto vindas de todos os cantos do quarto. Tia Hilda abriu um sorriso, o primeiro que víamos nela em muitíssimo tempo. Sem mais nem menos, a dor sumira! Assim, de repente! Pela primeira vez em um longo período, minha tia pareceu ter recuperado a vida. Eu não podia acreditar no que estava testemunhando. Gritos de "É um milagre!" ecoaram enquanto todos corriam para abraçar e beijar o padre, a minha tia, e uns aos outros. E essa experiência incrivelmente espantosa deixou uma marca indelével na minha memória.

Não sei o que aconteceu naquele dia. O padre que foi vê-la tinha alguma espécie de poder especial? Deus realmente operou um milagre ali, através dele? Sempre vai haver a chance de ter sido uma coincidência, de o medicamento que ela vinha tomando finalmente ter surtido efeito justamente durante a visita do pároco. Ou talvez tia Hilda não estivesse tão doente quanto achava. Talvez a maior parte da dor estivesse na sua mente, e a simples visão do padre e a crença de que ele a estava curando com suas orações eram tudo de que ela precisava para recuperar a fé na própria saúde. Não sei. O que sei é que algo totalmente inesperado e incrivelmente bom aconteceu com ela, e que aconteceu depois de muitas orações feitas por um grupo de pessoas que, com a sua fé inabalável, nunca deixou de lado a esperança. Na ocasião, acreditei que havia testemunhado um milagre. E foi por isso que ter pensado na palavra "milagre" e me lembrado desse momento maravilhoso me deixou tão empolgada. Se o milagre acontecera uma vez, poderia acontecer novamente, não poderia?

Mas a diferença entre as duas situações, lembrei a mim mesma, era que eu não tinha ninguém rezando por mim, cuidando de mim e me cercando de amor, como tia Hilda tivera. Não havia nenhum padre ao meu lado para interceder a Deus por mim. Talvez houvesse gente lá fora nas ruas de Nova York, nas suas casas em todo o país e também em Trinidad rezando por mim e pelas demais pessoas que estavam no edifício, mas isso seria suficiente para criar um milagre?

E concluí que talvez fosse a única suplicante em favor da minha alma. E que era minha responsabilidade estender a mão diretamente, sem nenhum mediador, para o Deus que havia negligenciado por tanto tempo. Eu precisava me entregar à misericórdia Dele e assumir os erros que cometera até ali, coisa que nunca havia feito. A bebida. As farras. Ter deixado minha filha para trás. Essas coisas todas haviam sido pecados? Cada uma delas, por si, não me parecia tão terrível assim. As pessoas bebem. As pessoas vão a festas. E eu havia deixado minha filha com o intento de construir uma vida melhor para nós duas e poder levá-la para ficar comigo em breve — mesmo que essa ideia de "vida melhor" fosse bem mais subjetiva do que eu imaginara a princípio. Ainda assim, o conjunto das minhas decisões revelava uma pessoa extremamente auto-centrada, que costumava pôr o próprio prazer acima de tudo, inclusive de Deus, e que não estava levando uma vida que fosse considerada aceitável aos olhos Dele. E, além disso, provavelmente eu conseguiria apontar alguns dos Dez Mandamentos que não vinha cumprindo ultimamente, também. Naquele momento, eu me lembrava de um mandamento em especial que havia desrespeitado.

Embora não me descrevesse habitualmente como uma pessoa menti-rosa, havia uma mentira que eu vinha contando e deixando que norteasse a minha vida — novamente por motivações egoístas — fazia alguns meses. Eu contei aqui que chegara aos Estados Unidos em fevereiro de 2000 de posse de um visto com validade de um ano, não foi? Bem, isso significa que já estava vivendo ilegalmente no país fazia mais ou menos sete meses. O documento do visto dizia que era minha responsabilidade providenciar a volta para Trinidad ao fim da sua validade. Se isso não fosse feito, no momento em que eu enfim tomasse a decisão de voltar ao meu país era provável que nunca mais voltasse a obter outro visto de entrada nos Estados Unidos. Eu sabia que minha permanência vencera e sabia que precisava voltar, mas fizera tudo o que estava ao meu alcance para não deixar que ninguém mais soubesse disso. E não havia sido uma tarefa fácil. Quando me cadastrei na agência de empregos temporários, o departamento de recursos humanos de lá passou meses me cobrando documentos variados, e eu usei todo tipo de desculpa para não entregá-los: eu os havia perdido; eu fora assaltada e tivera todos os documentos roubados; eles estavam guardados com meu advogado. Devo ter usado até o meu cachorro como desculpa em algum momento, embora eu na verdade nem tivesse um cachorro. As desculpas que inventava eram ridículas, mas eu estava decidida a ficar no país e a trazer Kimberly para morar comigo em breve. Desde o início, acreditara de coração que um ano seria o tempo suficiente para conseguir reunir as condições para isso. Só que não foi. Hoje reconheço o erro e a tolice dessa minha decisão de não seguir as regras, mas na época era arrogante a ponto de pensar que conseguiria me safar de tudo sem sofrer nenhuma consequência.

Concluí então que era esse o ponto principal. Que era por aí que eu precisaria começar se quisesse ter alguma chance de receber a atenção de Deus — no tempo curto que me restava —, para que Ele considerasse a possibilidade de um milagre. Eu teria que jogar as cartas na mesa. Teria que transformar o túmulo onde havia sido soterrada num confessionário e acreditar que Deus estava me ouvindo... e que Ele se importava. E seria preciso haver mais do que palavras. Eu não poderia simplesmente confessar meus pecados, dizer que estava arrependida, rezar uma ou duas ave-marias e esperar que a montanha de destroços se abrisse para me libertar. Tinha que ser algo mais substancial. Algo que fizesse sentido de verdade. Que viesse do coração. Será que eu seria capaz? Será que ao menos saberia como fazer, depois de tantos anos? A minha súplica faria algum sentido para Ele ou pareceria apenas um pedido desesperado e vazio? E, afinal de contas, será que as coisas com Deus funcionavam desse jeito mesmo? Uma pessoa que O invocasse com fé num momento de apuro poderia esperar que Ele viesse em seu socorro assim, do nada? Eu sabia de muita gente que se vira em maus lençóis e que pedira ajuda sem ser atendida. Mas pedir era minha única opção. Eu teria de tentar.

De alguma maneira, por algum motivo, ao longo de toda essa minha reflexão espiritual, a temperatura gélida do ar que me envolvia subiu um pouco. Não estava mais muito fria, nem muito quente. Estava confortável, até onde estar enterrada debaixo de um desabamento pode deixar alguém confortável. Mas por quê? O que acontecera? O que mudara? Será que Deus já estava ouvindo o meu fluxo de pensamentos? Ele sabia o que eu estava prestes a fazer? Fosse como fosse, eu só podia me sentir grata e aceitar cada trégua na provação que atravessava, por menor que fosse, enquanto procurava manter o foco em Deus. Continuava me sentindo com sede, cansada, ainda com a sensação aguda de estar às portas do inferno, mas uma onda de energia renovada tomara conta de mim depois da lembrança da história da minha tia. Ainda restava uma chance. Ainda havia esperança. Por pequena que fosse, ela estava lá. E estava lá porque eu enfim compreendera que não ia conseguir sair sozinha de onde estava — ao contrário do que havia presumido de maneira arrogante no início da coisa toda, muitas horas antes. Eu finalmente percebera que a libertação teria de começar com uma ação minha, mas que em última instância estaria nas mãos Dele.

Mas então, por onde começar? Como uma pessoa pode falar com Deus, especialmente uma pessoa como eu, que passara tanto tempo sem se dirigir a Ele? Por mais que eu tentasse imaginar as palavras perfeitas, elas não estavam se materializando. Eu pensei em talvez começar com uma oração pronta. Mas não. Isso seria formal demais, pró-forma demais. O meu apelo tinha que ser pessoal. Eu precisava ser sincera. Precisava sair correndo na direção oposta daquela estrada que vinha trilhando até chegar à porta do Céu, no extremo oposto, para bater nela e perguntar se podia entrar. E como conseguiria fazer isso?

Simplesmente comece a falar, Genelle, disse para mim mesma, mentalmente. *Comece a falar com Ele.* E foi isso que eu fiz.

— Deus, aqui é a Genelle — iniciei timidamente. — Estou numa situação difícil no momento, uma situação em que eu mesma me meti, e preciso da Sua ajuda.

Minha mãe sempre me dissera para "viver a vida do Senhor", mas isso nunca me parecera tão crucial até esse momento. Eu jamais havia imaginado que um dia o meu destino pudesse não estar nas minhas próprias mãos. Mas ali estava eu. Precisando de ajuda. Da ajuda do Senhor. E eu sentia que havia acabado de dar um passo enorme na direção certa só pelo fato de ter admitido isso. Essa foi uma experiência estranhamente libertadora.

CAPÍTULO 11

Uma oração

Quando Elvis voltou do trabalho, Kimberly me contou que estava em casa esperando ansiosamente por ele, muito curiosa de saber o que o estava deixando tão perturbado quando ele fora buscá-la na escola mais cedo. Pela expressão abatida com que o pai entrou em casa, ela percebeu que o motivo para a perturbação continuava existindo. Mas ele não contou nada para ela de início. Provavelmente, ainda devia estar tentando encontrar a maneira certa de dizer à filha. Passada mais ou menos meia hora em silêncio, o pai enfim foi falar com Kimberly:

— O que eu tenho para lhe contar vai ser muito difícil de ouvir — afirmou ele, hesitante.

— O que houve, pai? — indagou a menina.

— Você viu o que aconteceu hoje em Nova York, não viu? Com aqueles edifícios?

— Vi, sim, nós assistimos na escola — respondeu ela.

E ele então começou a chorar do mesmo jeito que havia chorado à tarde no carro, certamente deixando-a ainda mais confusa.

— Bem — falou Elvis —, o que você precisa saber é que sua mãe trabalhava numa daquelas torres que caíram.

A reação de Kimberly foi simplesmente olhar para ele, tentando processar o que acabara de ouvir.

— Mas ela conseguiu escapar, não foi? — perguntou ela enfim, com uma expressão de incredulidade no rosto.

Elvis chorou mais ainda.

— Eu não sei, filha. Ninguém conseguiu encontrá-la ainda.

Kimberly continuou a fitá-lo com os olhos arregalados e incrédulos. O choque da notícia a fez soltar um riso desconfortável.

— Se ninguém sabe onde ela está, você está querendo dizer que provavelmente minha mãe morreu?

Elvis abraçou a filha e continuou a chorar. Kimberly estava aturdida. Depois de alguns segundos, o seu cérebro enfim deu conta de processar tudo, e a menina soltou um grito... para em seguida desmaiar nos braços do pai. Depois de fazer com que ela voltasse a si e de certificar-se de que estava tudo bem, Elvis a carregou até o quarto e deixou que ela passasse a hora do jantar dormindo. Algum tempo mais tarde, ao acordar, Kimberly foi lhe contar sobre o sonho estranho que tivera:

— Você vinha me dizer que a mamãe estava numa daquelas torres que caíram, e eu começava a rir e perguntava se ela havia morrido, e...

— Kimberly, isso não foi um sonho — Elvis a interrompeu, com um ar sério. — Eles ainda estão procurando a sua mãe.

O choque tomou conta da menina outra vez, que fitou o pai com um olhar vazio.

— Não, não — conseguiu dizer Kimberly enfim, sacudindo a cabeça.

Elvis a abraçou. Durante um longo tempo, pai e filha choraram juntos.

Enquanto o luto pela minha provável morte tomava conta dos meus amigos e familiares de Nova York até Trinidad, eu seguia na minha longa jornada montanha acima, na direção do Deus a quem havia sido apresentada na infância e com quem quase havia perdido completamente o contato. Eu falava com Ele sem parar, como se estivéssemos tendo uma conversa corriqueira. Mesmo sabendo que Ele já conhecia a minha história, eu Lhe contei todos os detalhes, como se Ele nunca tivesse ouvido falar de nada. E expliquei tudo: por que eu nunca rezava quando era mais nova a menos que quisesse pedir alguma coisa; por que eu estava ilegalmente naquele país; por que eu deixara minha filha para trás; por que eu ia a tantas festas; por que bebia tanto; por que eu estava morando e dormindo com meu namorado sem que fôssemos casados. Não quis inventar desculpa nenhuma. Simplesmente apresentei os fatos a Ele e fui explicando por que havia vivido a vida da maneira como fizera.

— Agora que já lhe contei tudo isso, Senhor, quero Lhe dizer como estou arrependida de tudo e contar como a minha vida vai mudar inteiramente — prossegui, ganhando mais e mais confiança à medida que falava. — De agora em diante, não procurarei o Senhor só quando estiver precisando pedir algo. E eu resolverei a minha situação no país assim que sair destes escombros, voltando a morar em Trinidad se isso for necessário. E voltarei a ser para a minha filha a mãe que deveria ter sido nestes últimos anos. Vou parar com as festas e a bebida. E se Roger for mesmo o homem certo eu me casarei com ele, em vez de ficarmos só morando juntos.

Era muita coisa, sim, tenho que admitir. Embora possa parecer que eu estava querendo dar um passo maior do que as pernas, fazendo promessas extravagantes que jamais seria capaz de cumprir — para não falar na presunção de assumir que essa oração seria a chave que garantiria a minha salvação —, cada uma das palavras foi dita com toda sinceridade. Eu não estava tentando enganar a mim mesma, e muito menos a Ele. O arrependimento realmente tomou conta do meu coração.

Agora que já me sentia tendo feito algum progresso na intenção de estreitar o contato com Ele, decidi recitar algumas das orações comuns que costumava fazer quando ia à igreja aos domingos, na minha infância. Como uma espécie de penitência, por assim dizer.

— Pai Nosso, que estais no Céu, santificado seja o Vosso nome. Venha a nós o Vosso reino...

Devo ter repetido o pai-nosso umas cinco ou seis vezes. Nas primeiras, passei o tempo todo concentrada em lembrar as palavras direito — afinal, já fazia um bom tempo que não rezava. Depois, comecei a pensar no sentido que via em cada uma daquelas palavras e em como elas se aplicavam à minha vida. Não sei se estava atribuindo os significados certos ou não, mas pelo menos me esforcei para isso.

— Pai Nosso, que estais no Céu, santificado seja o Vosso nome. — Tudo me remetia de volta ao enfoque do gênio na garrafa que costumava ter na minha vida espiritual.

Eu nunca havia realmente aprendido, ou feito algum esforço para aprender, como rezar para Deus. Como já relatei aqui, Ele era simplesmente alguém que eu costumava invocar quando precisava de algo, e a quem eu raramente me lembrava de agradecer por tudo o que recebia. Nossa relação nunca fora vista por mim como uma via de mão dupla. Essa maneira de pensar precisava ser mudada, e mudada com urgência.

— Venha a nós o Vosso reino, seja feita a Vossa vontade, assim na Terra como no Céu.

Qual seria a vontade de Deus? Eu tinha certeza de que não era me ver circulando pelas boates e me embebedando todo final de semana, passando as manhãs de domingo desmaiada na cama enquanto as outras pessoas iam à igreja, tentando me livrar da ressaca a tempo de estar de volta ao trabalho a cada segunda-feira. Eu simplesmente não tinha mais como adiar o momento de conduzir a minha vida para o rumo que sabia ser o certo. Precisava levar uma vida agradável aos olhos de Deus naquele instante, de modo que, se viesse a morrer no dia seguinte — o que era uma possibilidade palpável —, eu estivesse preparada para entrar no Seu reino.

— O pão nosso de cada dia nos dai hoje.

Quantas vezes eu deixara de dar a devida importância a essa parte? A comida não costumava sobrar na casa com 12 pessoas onde passei a infância, mas também nunca havia nos faltado nada. E agora, desde o meu jantar de segunda à noite, tudo o que eu havia ingerido era uma mordida de um bagel. A fome não estava me incomodando provavelmente porque havia a sede e outras coisas com que me preocupar em seu lugar, mas eu sabia que precisava de alimento. Sem ele, a causa da minha morte provavelmente seria a inanição. E quantas vezes eu repetira o pai-nosso quando criança deixando esse verso simplesmente passar batido? Todas as vezes.

— Perdoai as nossas ofensas.

Quando eu me confessara pela última vez? Provavelmente fora muitos anos atrás, quando era obrigada a fazer isso no colégio. E, desde então, dentro ou fora de um confessionário, eu poderia ter pelo menos tentado conversar pessoalmente com Deus sobre os meus erros. Mas até esse momento isso não havia acontecido. Depois de ter relatado minhas transgressões a Ele, eu precisava acreditar que teria o Seu perdão e que poderia recomeçar o nosso relacionamento do zero. E precisava me esforçar para garantir que faria tudo como devia ser dessa vez.

— Assim como nós perdoamos a quem nos tenha ofendido.

Eu nunca fora o tipo de pessoa que guardasse ressentimento dos outros, ou pelo menos não por muito tempo. Mas naquele momento, ao repetir essas palavras diante da perspectiva da morte, percebi com mais clareza do que nunca que a vida é curta demais para que guardemos rancor das outras pessoas. E senti uma gratidão enorme por ter feito as pazes com Roger antes de a tragédia acontecer. Eu estaria me sentindo muito pior se por acaso ainda estivéssemos com as relações cortadas àquela altura!

— E não nos deixeis cair em tentação, mas livrai-nos do mal. — Esse verso representaria o meu maior desafio.

O que eu faria se escapasse do meio dos escombros e fosse convidada para celebrar a nova vida com uma rodada de drinques num bar? Como lidaria com a cobrança da minha chefe para que apresentasse os documentos de permanência no país, sabendo que corria o risco de ser deportada caso dissesse a verdade? Meu sentimento mais genuíno nesse momento era que eu optaria pelo caminho da retidão em todos os casos. Mas será que estava sentindo isso só por causa da minha situação extrema? Se recebesse mesmo a chance de ficar viva, eu teria também uma oportunidade de provar a minha sinceridade. Até lá, só me restava continuar rezando e continuar trilhando o caminho que me levaria de volta a Deus e para longe das garras do mal.

Como eu havia conseguido ignorar essa oração ao longo de toda a minha existência? Uma oração tão simples, tão direta como essa. Não haveria como me desviar para o mau caminho se eu mantivesse em mente os versos do pai-nosso diante de tudo o que fosse fazer na vida.

Prossegui recitando outras preces que sabia ou achei que conhecesse, que aprendera quando menina porque tínhamos que repeti-las todos os dias na escola: a Ave Maria, o Glória ao Pai, o Ato de Contrição. Depois, comecei a tentar recordar o salmo da Bíblia que minha mãe havia me ensinado quando eu era pequena. "O Senhor é minha luz e minha salvação"... ou alguma coisa parecida.

Era o Salmo 23? O 27, talvez? Devia ser o 27, eu concluí.

— O Senhor é minha luz e minha salvação...

Repeti esse verso sem parar, dezenas de vezes, até que o resto do texto finalmente surgiu na minha memória.

— O Senhor é minha luz e minha salvação; a quem temerei? O Senhor é a força da minha vida; de quem terei medo?

Sim! Era isso! As palavras enfim saíram da minha boca. Eu me senti imensamente grata por ter conseguido recordá-las, não só por causa do seu significado e de como ele se aplicava à minha situação, mas também porque elas traziam uma ligação emocional poderosa com minha mãe — Kathleen Guzman —, a mulher mais forte e mais amorosa que eu conhecera na vida. Ela havia sido o motor inicial de toda a fé que eu tinha no coração, e — eu me dei conta de repente — era uma presença que poderia me ajudar a aliviar a aflição que eu atravessava.

Meu relacionamento com a minha mãe havia sido muito franco e aberto ao longo da vida inteira. O meu pai era o pulso firme da casa. Tudo com ele era sério e metódico. Mas, com mamãe, a sensação que eu tinha era de que podia confiar nela incondicionalmente. Ela prestava atenção ao que eu tinha a dizer e mostrava interesse genuíno por meus pensamentos e minhas opiniões. Mamãe era uma mulher pequena e bonita, uma dona de casa incansável que estava sempre cozinhando, limpando e cuidando das roupas dos dez filhos, e que mesmo assim nunca deixava de ir à missa. E que ainda encontrava tempo, de vez em quando, para receber os amigos e parentes. A sua casa estava sempre de portas abertas para todos. Ela sempre foi uma pessoa correta e generosa, alguém que punha os desejos e as necessidades dos outros acima dos seus próprios.

No início de 1999, mamãe tinha vindo visitar minha irmã Celia, que morava na Pensilvânia. Além de ser a sua primeira ida aos Estados Unidos, era também a primeira viagem de avião que fazia na vida. Ela hesitou um pouco antes de aceitar a empreitada justamente por causa desse detalhe, mas acabou viajando e se divertindo muito no país — até que aconteceu o acidente. Mamãe escorregou e caiu na casa de Celia. Ela sentiu um pouco de dor, embora não parecesse ter sofrido nenhuma fratura. Quando a levaram ao hospital, imaginou que seria só para alguns procedimentos de rotina. Mas as radiografias e os exames acabaram revelando aos médicos algo que deixaria a família inteira arrasada: mamãe tinha um câncer em estágio avançado. A doença já atingira os ovários e pulmões, e o prognóstico não era otimista. Foi uma notícia devastadora. Mamãe estava com apenas 65 anos e era a nossa matriarca, a cola que mantinha a família unida. E, pela primeira vez na minha vida, aquele diagnóstico a fez parecer vulnerável.

A reação de mamãe foi não querer ficar mais nem um minuto longe da sua casa. Ela retornou imediatamente para ficar ao lado do meu pai em Trinidad e consultar-se com os médicos que a conheciam na ilha. Eles confirmaram o que o hospital americano dissera e acrescentaram ainda que lhe restavam apenas mais seis meses de vida. Quando isso foi anunciado à família, muitos de nós insistimos para que ela voltasse aos Estados Unidos, onde teria, no nosso entender, o melhor tratamento possível. Mas a resposta foi "não". O seu desejo era ficar no próprio país, em companhia do marido e dos filhos, e morrer ali.

Nos meses seguintes, eu e minhas irmãs nos revezamos nos cuidados com ela. Eu, que morava a 45 minutos de distância da sua casa, em geral ficava com os turnos da noite. Minha irmã Mavis lhe fazia companhia durante o dia. No dia 4 de julho de 1999, menos de cinco meses depois do diagnóstico, a maior parte da família estava reunida para passar o fim de semana na companhia de mamãe. Eu só seguiria para lá mais tarde, pois era a encarregada de lhe fazer companhia nessa noite. Quando estacionei o carro, uma das minhas irmãs apareceu à porta de casa gritando histericamente. Algumas tias e os meus irmãos vinham logo atrás, tentando acalmá-la. Meu coração afundou quando vi essa cena. Eu sabia exatamente o que havia acontecido. Kimberly, que estava comigo, perguntou qual era o problema. Eu só olhei para ela e não precisei dizer mais nada. Minha filha compreendeu.

Eu a deixei com uma das tias e corri, abrindo caminho entre as pessoas para chegar dentro de casa. Entrando no quarto, encontrei minha mãe como não a via desde a viagem para a Pensilvânia: tranquila, sem dor, quase com um sorriso nos lábios. Eu me deitei ao seu lado e chorei, abraçando-a pela última vez.

— Adeus, mamãe — sussurrei entre as lágrimas. — Eu amo você.

CAPÍTULO 12

Salvação

Dois anos após a morte da minha mãe, ali estava eu, lutando pela minha vida da mesma maneira como mamãe lutara pela dela. A diferença era que mamãe morrera com a consciência limpa, sabendo que havia passado uma vida inteira servindo a meu pai, a seus filhos, sua família, seus amigos e, acima de tudo, ao Senhor. Eu continuava rezando, agora para a minha mãe. Recitei várias vezes o salmo que ela me ensinara, perguntando se havia algo que ela pudesse fazer para conseguir que a atenção de Deus se voltasse para mim. Qualquer coisa que ela pudesse fazer para me ajudar a sair daquela situação e passar minha vida a limpo. E, caso isso não fosse possível, se estava ao seu alcance me defender contra o desejo do diabo de me carregar para a sua morada em vez de deixar que eu seguisse para o lugar onde ela estava.

Rezei sem parar durante o que pareceram horas, interrompidas apenas pelos períodos curtos em que caía no sono sem conseguir evitar que isso acontecesse. Havia me transformado num disco arranhado, rezando, rezando e rezando sem parar. Havia só um grande problema: nada mudara na minha situação prática. Eu continuava presa, continuava com dor, sem escutar ou sentir nenhum tipo de resposta enviada por Deus. Embora sentisse de coração que estava mudada, será que eu estaria mesmo? E será que isso era o suficiente? Sentia que era preciso dar provas dessa mudança, mas que provas eu poderia dar? À medida que o tempo — que a essa altura era um inimigo — passava, fui ficando cada vez mais desesperada. As minhas preces ganharam um tom de súplica. Eu implorava.

— Por favor, Deus, eu não vou conseguir aguentar muito mais tempo. Por favor, me ajude. Não me deixe morrer aqui. Se eu for salva, prometo levar a vida que o Senhor quer que eu viva. Por favor, me ouça. Eu quero ser salva. Eu vou mudar. Quero ver minha filha outra vez. Quero ver Roger outra vez.

As palavras saíam descontroladas, aos borbotões, mas o meu coração estava em brasa. Eu sabia que estava sendo sincera no que dizia, mas será que Ele sabia também? Eu era merecedora da Sua atenção? Mereceria mais uma chance? E, aliás, será que isso tudo tinha a ver só comigo e com o meu merecimento ou com Deus e os Seus planos? Em algum lugar da minha mente pulsava a noção vaga de ser parte de um quadro muito maior do que aquele que a minha visão das coisas abarcava, mas eu não conseguia escapar dos meus próprios pensamentos, das minhas orações, dos meus próprios desejos.

Continuei implorando pela misericórdia de Deus. Quanto mais falava com Ele, mais sentia que o laço entre nós estava ganhando força. Mas isso não bastava. De que adianta falar com alguém se essa pessoa não está ouvindo você? Meu Deus. Agora eu tinha uma noção de como devia ter sido para Ele falar comigo durante tantos anos e ser ignorado. Será que essa situação era dolorosa e desalentadora daquele jeito para Ele também?

— Eu entendi, Senhor! — comecei a gritar. — Agora eu entendo! Por favor, acredite em mim!

Eu não achava que pudesse chegar mais perto do que já estava do fundo do poço, mas essa última revelação da extensão da minha ignorância foi como sentir mais uma camada desagradável ser arrancada da minha essência, uma camada da qual fiquei satisfeita por me ver livre. E então continuei falando com Ele, com firmeza na voz. Estava começando a sentir calor outra vez, mas isso não importava.

— O Senhor TEM que me ouvir! — gritei, desfazendo-me em lágrimas. — Precisa acreditar que vou ser uma pessoa diferente! Eu prometo, Senhor! Prometo! Eu PROMETO!

Fiquei tão agitada que comecei a bater a cabeça contra os destroços que havia em cima do meu corpo. Quando fizera isso pela primeira vez, horas antes, não obtivera nenhum resultado. Mas, agora, o barulho e a sensação foram de que podia haver uma coisa um pouco solta. Eu então fui batendo cada vez mais forte e gritando cada vez mais alto.

— SOCORRO! DEUS, ME AJUDE!!! — *Pam... pam... pam...* Eu estava com a respiração mais pesada, gritando com mais força, chorando mais.
— POR FAVOR, ME TIRE DAQUI! — *PamPamPamPa...*

De repente, minha mão atravessou algo que havia por cima da minha cabeça. Mas que coisa seria essa? Eu continuava não enxergando nenhum vestígio de luz. Talvez estivesse escuro do lado de fora. Tentei verificar, mas não conseguia virar a cabeça o suficiente para fazer isso. E, por mais que apurasse os ouvidos, não escutava barulho algum. Será que eu havia apenas rompido alguns centímetros de uma montanha de cem andares de escombros? Esse seria só mais um dos joguinhos do diabo para me atormentar? Recolhendo a mão para junto do corpo, enxuguei os olhos para tentar enxergar algo... qualquer coisa que fosse... E não consegui ver nada. Voltei então a estender a mão para o alto, tentando esticá-la um pouco mais. Parecia ser mesmo um espaço aberto, mas aberto para onde?

Continue rezando, Genelle, lembrei a mim mesma. *Não pare de rezar. Não caia na armadilha de se esquecer de Deus só porque você talvez tenha conseguido fazer algum progresso.*

Supliquei mais um pouco, em voz alta:

— Por favor, Deus. Ajude-me a continuar tentando. Ajude-me a sair daqui. Por favor, escute o que peço! Mãe? Você está aí? Socorro! Ajude sua filha, por favor!

De imediato, não aconteceu nada. Continuei rezando, continuei tateando o espaço acima da minha cabeça e tentando retirar mais destroços da área em torno da abertura. Eu sentia a minha energia física se esgotando, mas não voltei a baixar a mão daquele buraco nenhuma vez. E estava precisando de outro cochilo. Não queria ter que dormir, só que estava me sentindo cansada demais. Assim, tratei de me acalmar e de segurar bem a borda do buraco, e fechei os olhos. Eu não diria que cheguei a dormir. Foi mais como se minha mente se deixasse vaguear para longe da situação em que me encontrava, mas sempre com plena consciência da mão que continuava agarrada à abertura. Passados alguns minutos achei que estivesse tendo alucinações, porque comecei a ouvir sirenes, sons de bipes eletrônicos e...

— Ahn?

Abri os olhos. E os sons... eles continuavam lá! Meus olhos estavam bem abertos, e os sons continuavam lá!

— Isso não pode ser um sonho — eu repetia sem parar para mim mesma, como se o simples ato de pronunciar as palavras tivesse o poder de fazer com que elas fossem verdadeiras.

Meu coração batia disparado. Os sons eram mesmo de sirenes, como aquelas dos caminhões de bombeiros. E quanto ao bipe — ele era como o alerta que os caminhões de carga emitem quando estão dando marcha à ré. Eu tinha ouvido! Tinha ouvido mesmo esses barulhos! Eles eram de verdade!

— Meu Deus, por favor, tem que ser isso! — gritei tão alto quanto a minha boca e garganta secas permitiram, o que na verdade deve ter sido pouco mais que um resmungo. Lancei a mão para cima através da abertura, acenando com ela, esticando-a o mais que podia. — Aqui embaixo! Alguém está me vendo? Por favor, me ajudem!

E foi então que eu senti: a pele morna de outro ser humano! Ele pousou a palma da sua mão firmemente na minha e a envolveu com seus dedos longos e fortes. Eu arfei, momentaneamente sem fôlego por causa da surpresa. Estava mesmo sentindo aquilo? Sim, eu estava! E todas as horas que eu havia passado pedindo, rezando, gritando, berrando, suplicando, implorando, prometendo — todas elas terminaram com a sensação mais incrível do mundo e com as cinco palavras mais doces que eu já ouvi:

— Eu estou com você, Genelle — disse-me uma voz masculina, calma e confiante. — O meu nome é Paul, e vai ficar tudo bem. Eles logo vão tirá-la daqui.

Isso foi na quarta-feira, 12 de setembro, por volta das 9h15 da manhã, quase 23 horas depois que a torre desabara.

CAPÍTULO 13

O restante da equipe de resgate

Vim a saber mais tarde que, logo que a notícia dos ataques foi divulgada, na manhã do dia 11 de setembro, Rick Cushman — que na época estava com 25 anos, era soldado da Guarda Nacional e vivia em Saugus, Massachusetts, cerca de 16 quilômetros ao norte de Boston — assistia atento a tudo pela televisão da sua casa. E, como aconteceu com muitas pessoas de espírito heroico naquela manhã, ele se sentiu na obrigação de usar o seu treinamento militar para ajudar. Mas como poderia fazer isso?

Depois que conseguiu ter uma ideia do que estava acontecendo, Rick começou a dar telefonemas para a sua divisão da Guarda Nacional e também para a unidade mais próxima da Cruz Vermelha americana atrás de informações sobre como agir, mas ninguém tinha essas respostas para lhe dar ainda. As torres haviam acabado de ser atingidas. Era muito cedo, e essas instituições ainda estavam, elas próprias, aguardando instruções sobre como proceder. Sem querer perder tempo, Rick ligou então para Brian Buchanan, amigo de um amigo seu, que morava perto e fora fuzileiro naval. Ao conversarem, os dois concordaram que era preciso tomar alguma atitude prática, e que ficar em casa esperando não iria ajudar ninguém. Rick nessa época tinha um emprego num restaurante local, mas sua consciência lhe dizia que a tarefa que estava à sua

107

espera na cidade de Nova York era muito mais importante do que a sua jornada de trabalho habitual. Ele vestiu o seu uniforme, guardou uma ou duas mudas de roupa no banco traseiro do carro, passou na casa de Brian para buscá-lo, e por volta de meio-dia os dois pegaram a estrada.

A viagem de Saugus para a cidade de Nova York costuma levar cerca de quatro horas de carro. Nesse dia, com as pontes para Manhattan fechadas e um engarrafamento que ficava mais intenso à medida que eles se aproximavam da cidade, Rick e Brian levaram quase oito horas para chegar. Os dois escaparam da rodovia congestionada pegando uma saída para o Bronx e rodaram pelas ruas por um tempo até darem de cara com uma delegacia. Envergando seus uniformes militares, apresentaram suas credenciais aos policiais responsáveis e, para a sua surpresa, foram escoltados imediatamente até a área do desastre. Eles não haviam imaginado que seria tão fácil se engajarem no esforço de resgate, mas num momento de caos e crise como aquele a polícia estava recrutando de bom grado toda ajuda que pudesse conseguir. Rick foi seguindo de perto o carro da polícia que o guiava, abrindo caminho por ruas secundárias engarrafadas e apinhadas de pedestres. Eles avançaram o máximo que os policiais da escolta julgaram seguro avançar, e já estavam bem perto do local do desastre — a umas poucas quadras do World Trade Center — quando cruzaram com outra viatura que estava prestes a se aproximar ainda mais. Esses novos policiais instruíram Rick e Brian a segui-los e os conduziram quase até Vesey Street, a rua que passava pela fachada norte das Torres Gêmeas. Rick estacionou o carro, e todos fizeram a pé o resto do trajeto até os escombros. Quase às 8 horas da noite de terça-feira, os dois voluntários vindos de Saugus se apresentaram num dos postos de comando do esforço de resgate e estupefatos correram os olhos pelo cenário que os cercava.

O desabamento acontecera quase dez horas antes, pela manhã, e uma nuvem interminável de detritos continuava pairando suave e fantasmagoricamente acima das suas cabeças, contra o céu escuro e vazio. A pilha de escombros tinha vários andares de altura, e parecia maior em alguns pontos. A fachada dos primeiros andares de um dos arranha-céus continuava no lugar como um lembrete chocante do que aquela montanha havia sido apenas algumas horas antes.

As instruções que os dois homens receberam no posto de comando foram bastante diretas: buscar e resgatar. A sua missão seria escalar até o alto dos destroços com os olhos e ouvidos bem atentos a qualquer sinal de vida. Ainda era cedo para saber o número exato de pessoas que estavam dentro e no entorno dos edifícios no momento do desastre. E esse número poderia chegar aos milhares. Havia quem falasse em 20 mil. Ninguém sabia ao certo. A única certeza era de que o desabamento estava recente demais para que as equipes abandonassem as esperanças.

Rick e Brian receberam máscaras para se proteger do cheiro nauseante que pairava no ar — uma mistura de metal, fiação elétrica e carne humana queimando. Pelo que haviam visto na TV, os dois sabiam que estavam prestes a encarar uma verdadeira zona de guerra. Foram encaminhados então para um edifício menor do complexo original, que fora severamente atingido mas sem desabar. Eles entraram com passos cuidadosos, abrindo caminho pelo meio da poeira e das ruínas, e subiram as escadas que levavam ao segundo andar. As torres desabadas haviam criado uma pilha de destroços tão alta e tão próxima desse outro edifício que quando a dupla de militares saiu por uma das janelas dele viu-se no topo de uma montanha de pedaços retorcidos de concreto e metal. O pessoal do posto de comando os alertara em linhas gerais sobre o que deveriam encontrar no trabalho, mas nem uma explicação detalhada teria sido capaz de prepará-los para aquela visão.

Depois de varrer com um olhar incrédulo a área imensa e perigosa da devastação, os dois começaram a percorrê-la com cautela no meio da escuridão, avançando a passos lentos através do terreno irregular, procurando ficar longe dos pedaços afiados de metal, que seriam capazes de perfurar o seu corpo de um lado a outro. Outro risco era que um passo em falso os fizesse despencar para dentro de algum fosso em chamas. No meio dos destroços, eles conseguiam avistar o brilho vermelho dos focos de incêndio. As chamas, na verdade, funcionavam como a única fonte de luz de que dispunham além de algumas lanternas distribuídas às equipes e da iluminação da cidade em torno. A sensação era de estar andando pelo cume de um vulcão que parecia pronto para tragá-los a qualquer momento.

O grupo em que eles estavam contava com mais quatro homens, incluindo uma dupla de soldados do Corpo de Bombeiros de Nova York. A incumbência deles não era tentar cobrir alguma área específica. A região atingida pelo desastre era tão vasta e eles precisavam ter tanta cautela para percorrê-la que não conseguiriam avançar muito de qualquer maneira. Tudo o que precisavam fazer era caminhar com os sentidos em alerta, os olhos e ouvidos apurados. Buscar e resgatar. Essa era a única missão.

E assim Rick e Brian passaram por arquivos de metal, vigas retorcidas, canos, mesas de trabalho, cadeiras, papéis, cabos, fios e, infelizmente, por muitos corpos também. Mais pedaços de corpos do que corpos inteiros. Rick conta que, sempre que se deparavam com vestígios do que antes havia sido uma vida humana, eles contatavam o centro de comando imediatamente, para que fosse enviada a equipe que recolheria cuidadosamente os restos dentro de sacos. Os sacos recebiam etiquetas com qualquer informação que pudesse ser apurada, como por exemplo a hora em que os restos haviam sido encontrados, a área aproximada onde estavam — qualquer coisa que pudesse ajudar as autoridades a fazerem uma identificação mais tarde.

A única notícia boa que havia, e que lhes dava alguma esperança para continuarem a trabalhar, era que duas pessoas haviam sido milagrosamente encontradas vivas naquela noite de terça-feira em outras partes da área devastada: os funcionários da Autoridade Portuária John McLoughlin e Will Jimeno, que estavam dentro da Torre Sul no momento do desabamento e tinham sido libertados dos escombros depois de terem passado algumas horas soterrados.

A dupla de militares de Saugus alimentava a esperança de ter a mesma sorte nos seus esforços de busca.

Depois de percorrerem os escombros até o início da madrugada da quarta-feira, 12 de setembro, Rick e Brian desceram da montanha de destroços da mesma maneira como haviam subido e se afastaram um pouco para um rápido momento de descanso físico e mental. Eles ponderaram que haviam feito o trabalho mais minucioso possível dentro do tempo de que dispunham e, apesar de não terem se deparado com nenhum sinal de vida, estavam dispostos a voltar para fazer mais uma tentativa assim que o dia clareasse, mais tarde. Depois de caminharem algumas quadras para longe das torres, encontraram dois bancos numa praça próxima à marina e se deitaram neles para dormir por mais ou menos duas horas. Os dois homens foram despertados pelo nascer do sol mais deprimente que já haviam visto na vida. Embora brilhasse forte no céu, a luz solar era ofuscada perto do chão por uma nuvem densa e escura através da qual mal se conseguia respirar ou enxergar qualquer coisa. Uma espécie de eclipse soturno, que sinalizava sem sombra de dúvida que um desastre de proporções inumanas atingira uma das maiores cidades do planeta e que a situação não deveria melhorar a curto prazo. Mas Rick e Brian, assim como dezenas de outras pessoas que haviam chegado para ajudar, não iriam entregar os pontos.

Os dois espreguiçaram os músculos doloridos, reorganizaram as ideias e caminharam para se apresentar de volta ao centro de comando tão descansados quanto dois sujeitos que haviam dormido por poucas horas em bancos de praça poderiam estar. Pegando novas máscaras de proteção, rumaram para o alto dos escombros novamente, passando pela mesma janela do prédio mais baixo, cheios de esperança de terem mais sucesso nessa nova busca.

No seu grupo de resgate daquela manhã estava também o policial canadense James Symington, que se apresentara em companhia de Trakr, o seu pastor-alemão de 7 anos. James era originário da cidade de Halifax, na Nova Escócia. Trakr, que tivera treinamento como cão policial e de resgate, nascera na República Tcheca. Ele pertencera ao Departamento Regional de Polícia de Halifax, mas fora morar com James após sua recente aposentadoria. O faro extraordinário de Trakr havia localizado centenas de pessoas desaparecidas e ajudado a recuperar milhões de dólares em bens extraviados ao longo da sua carreira. O cão era treinado para fazer exatamente o que as equipes de resgate em ação no World Trade Center precisavam. Assim que James soube do ataque, ele e Trakr entraram no carro e fizeram o trajeto de Halifax a Nova York, que normalmente demorava cerca de 17 horas, em algo em torno de 14. A dupla passara por diversos postos de triagem ao chegar na noite de terça-feira, mais ou menos no mesmo horário em que Brian e Rick estavam chegando. E foram encaminhados sem demora ao local do desastre para acompanhar um grupo de bombeiros que haviam perdido alguns colegas e que esperavam que Trakr pudesse ajudá-los a localizar uma parte deles ainda com vida.

O policial canadense e seu cachorro trabalharam incansavelmente ao longo de toda a noite de terça-feira e na madrugada de quarta, sem sucesso — seguindo com as buscas até por volta de 9h15 da manhã. E foi nesse momento que, enquanto Rick e Brian trabalhavam por perto, Trakr estacou de repente. James olhou para ele e ficou observando atentamente enquanto o corpo do cachorro ficava ereto e imóvel. Esse era o primeiro sinal de que ele podia ter detectado alguma coisa. O pastor-alemão, em seguida, começou a fazer o que pareciam ser passos de dança, ansiosamente. Algo despertara esse seu comportamento agitado. James, que o tempo todo segurava firmemente a correia de Trakr, continuou observando enquanto o cachorro esquadrinhava o terreno com o olhar. E então vieram mais dois sinais que o policial estava esperando para ver: as orelhas de Trakr se ergueram, e a cauda ficou rígida. A essa altura, já não restava dúvida: o pastor-alemão detectara que alguém estava soterrado vivo nas proximidades.

Esse alguém era eu.

O local exato ainda não estava claro para eles, mas eu estava perto o suficiente para o meu cheiro ter aguçado os sentidos de Trakr. Era sempre possível que se tratasse de um alarme falso, mas Trakr era famoso pela precisão do faro, e James conhecia melhor do que ninguém os sinais emitidos por ele.

Com total confiança nos sentidos do parceiro, o policial gritou para a equipe à sua volta:

— Ele achou alguém!

O sinal de Trakr, eu viria a saber mais tarde, foi emitido quase no mesmo instante em que Paul agarrou a minha mão.

CAPÍTULO 14

Paul

Enquanto Trakr usava o seu faro para seguir a pista do local do soterramento, eu permanecia agarrada à mão de Paul como se estivesse pendurada na beira de um penhasco de 3 mil metros de altura. Duvido que tivesse muita energia sobrando naquele momento, mas a minha sensação era de estar agarrada a ele com tanta força que poderia quebrar a sua mão. Nem um pé de cabra teria conseguido me separar dele. Apesar de estar com os olhos abertos, eu ainda não conseguia enxergar nada. Tentei espiar para o lado onde estava a abertura, mas só via a mais completa escuridão. Eu não entendia como era possível não haver nenhum vestígio de luz com a presença de alguém segurando a minha mão do outro lado, mas enquanto continuasse ouvindo a voz de Paul e sentindo a sua mão na minha, resolvi que me daria por satisfeita.

— Por favor, Paul, não me solte — pedi, com um tom de desespero na voz.

— Fique tranquila, eu estou com você — respondeu ele, de um jeito calmo e controlado. — Não vou a lugar nenhum até o resgate chegar. Eles estão a caminho. Já posso vê-los chegando.

— Obrigada, Paul. — Eu estava chorando. — Obrigada! Obrigada! Ah, meu Deus, obrigada!

Nesse momento eu não sabia quem era o "resgate" a quem Paul havia se referido, e só mais tarde vim a saber que o grupo incluía James, Trakr, Rick e Brian. Não me lembro de ter ouvido nenhuma comunicação entre Paul e eles, nem de ter perguntado a Paul quem estava a caminho ou a que distância se encontravam. Esses dados muito específicos não me interessavam. A simples constatação da sorte que eu tinha por alguém ter me localizado e estar vindo me salvar já era suficiente para me encher de euforia. E, por mais que minha mão estivesse bem firme na de Paul, eu precisava continuar confiando que o meu destino se achava nas mãos de Deus e que Ele faria como melhor Lhe aprouvesse.

Quando me segurei em Paul, toda a dor do meu corpo cessou. A cabeça deixou de latejar, as pernas deixaram de doer. Ou talvez não tenha exatamente cessado, mas eu estava eufórica demais para prestar atenção ou me importar com ela.

— Você já consegue ver alguém daí? — perguntei ansiosamente.

— Eles estão quase chegando — respondeu Paul.

Eu não insisti em pedir mais detalhes sobre o que ele estava avistando. Com a garganta muito dolorida, não tinha vontade de falar mais do que o necessário. E, depois de ter esperado na escuridão por tanto tempo, que diferença fariam alguns minutos a mais?

Enquanto Paul segurava minha mão, eu soube depois, James e Trakr partiam para continuar procurando sinais de vida em outra área do desastre. Rick, Brian e outras pessoas da equipe de resgate permaneceram no quadrante onde eu estava na intenção de detectarem visual ou auditivamente aquilo que o cachorro farejara. A busca deles demorou alguns minutos. Finalmente, por volta das 9h30, Rick avistou alguma coisa debaixo de uma pilha de escombros. Uma coisa que quase não estava visível, mas chamou sua atenção por conta da cor laranja fluorescente. Ele se aproximou para se certificar de que estava mesmo vendo o que pensou ter avistado. Tinha ainda um fio de esperança de ter se enganado... mas, infelizmente, tudo indicava que isso não havia acontecido. Aparentemente, a visão era de um soldado morto do Corpo de Bombeiros da cidade de Nova York. Rick sabia que a regra de praxe e a demonstração esperada de respeito em casos assim era contatar imediatamente um outro bombeiro para que ele viesse fazer a remoção do companheiro. E foi exatamente isso o que fez, alertando o bombeiro que trabalhava por perto.

Nesse meio-tempo, o meu braço estava ficando exausto. Como a mão de Paul parecia continuar tão firme quanto antes, eu relaxei um pouco a minha tensão e deixei que ele se encarregasse de manter a minha mão e o meu braço erguidos.

— Eles já estão chegando? — perguntei.

— Estão aqui do lado — respondeu Paul.

Era verdade, como eu viria a saber depois, que nesse momento o bombeiro alertado por Rick estava se aproximando cada vez mais do companheiro morto... e, ao fazer isso, chegando mais perto de Paul e de mim. Rick e Brian, próximos a ele, observavam seus movimentos enquanto se aproximava do corpo.

Quando chegou bem perto, o soldado do Corpo de Bombeiros se ajoelhou e espalhou com cuidado a poeira e os destroços a fim de avaliar melhor a situação e certificar-se de que se tratava mesmo de um membro da corporação. E era isso mesmo. O bombeiro ficou de joelhos e parou para um momento de luto. Mal sabia ele que, ao encontrar o companheiro, se tornaria parte de um milagre que vinha se desenrolando lentamente desde o momento do desmoronamento das torres.

Depois do seu instante de recolhimento, o bombeiro examinou o corpo com mais atenção e depois apurou os ouvidos antes de virar-se para chamar o resto da equipe.

— Ei! Temos uma pessoa viva aqui! — gritou o bombeiro.

Todos congelaram no que estavam fazendo. As vozes sumiram. Daria para escutar um alfinete caindo. O silêncio foi absoluto. E permaneceu no ar por diversos segundos. Até que o bombeiro voltou-se outra vez para a pilha de escombros e balançou o foco da lanterna na área em torno do corpo do companheiro morto.

— Você está vendo a luz da lanterna? — gritou ele para a pessoa que encontrara viva.

Essa pessoa era eu.

— Não, não estou vendo nada — gritei de volta.

Enquanto isso, Paul continuava segurando minha mão.

— Aguente firme, Genelle — falou ele. — Eles vão encontrar você.

Respondendo ao alerta do bombeiro de que havia alguém com vida, toda a equipe de resgate que trabalhava na área foi aos poucos saindo do estado de choque provocado pela notícia e se dirigindo o mais depressa e cautelosamente possível para o lugar onde eu estava. O som parecia o de dezenas de pés palmilhando os escombros em cima de mim.

— Aqui embaixo! — gritei, com a voz rouca. — Vocês estão me vendo?

Mas espere aí... Eu continuava agarrada à mão de Paul. O que estava acontecendo? Por que Paul não falava com a equipe de resgate? Pouco antes ele me dissera que conseguia avistá-los. Será que eles não o estavam vendo também? A minha mão estava ficando dormente por ter permanecido tanto tempo na mesma posição. Eu remexi um pouco os dedos em torno da mão de Paul, só para reassegurar a mim mesma que ele continuava me segurando bem firme.

— Paul, o que eles estão fazendo agora? — eu perguntava sem parar, tentando montar mentalmente um panorama da situação.

— Você vai ficar bem, Genelle — disse ele, no mesmo tom tranquilo com que vinha conversando comigo desde o momento em que me encontrara, cerca de vinte minutos antes. — Só mais um minuto e vão tirá-la daqui.

— Eu nem consigo acreditar que isto está acontecendo — falei, chorando.

Eu me sentia confusa com relação à movimentação lá em cima. Havia Paul falando comigo e o bombeiro também falando comigo, mas os dois não conversavam entre si. E não me restava energia mental para tentar entender o porquê disso. O que importava no momento era que existiam diversas pessoas que sabiam onde eu estava, incluindo uma que segurava com força a minha mão.

— Tenha fé, Genelle — murmurei para mim mesma. — Confie em Deus. Confie...

De repente, uma parte dos escombros por cima de mim começou a se mexer. Eu fechei os olhos e a boca com força, sentindo a chuva de poeira me cobrir.

— Cuidado — eu ouvia os homens dizerem uns para os outros. — Devagar, agora. Devagaaaar.

Mais pó começou a cair quando o barulho dos destroços sendo remexidos ficou mais alto. De repente, um raio brilhante de sol cortou o espaço à minha frente, obrigando-me a manter os olhos bem fechados. Cheguei a tentar abri-los, mas estavam muito cheios de fuligem e muito sensíveis à luz depois de tanto tempo na mais completa escuridão.

— Paul? Paul? — chamei, cuspindo um pouco de pó que tinha ido parar nos meus lábios.

— Eles estão aqui, Genelle — disse ele, numa voz que mostrava estar sendo acompanhada de um sorriso. — Eles chegaram.

— Ah, meu Deus. Obrigada, Paul. Obrigada!

— Você está em boas mãos agora — disse ele. — Eu vou embora para deixar que eles façam o seu trabalho, está bem?

— Está bem. Obrigada.

Eu não sabia como poderia expressar o tamanho da gratidão que sentia. Fiquei repetindo mentalmente o nome dele depois que se foi, para que não o esquecesse. Estava determinada a encontrá-lo para poder lhe agradecer depois que tudo terminasse. Nesse meio-tempo, o bombeiro que me encontrara estendeu a mão para segurar a minha, exatamente do mesmo jeito que Paul havia feito.

Na verdade, eu não conseguia me lembrar do instante exato em que Paul soltara a minha mão para que o bombeiro a segurasse. Havia sido uma passagem celestial.

— Como você se chama? — perguntou ele, com a mais genuína alegria.

— Genelle — respondi baixinho, tomada por uma imensa onda de alívio.

— Nós iremos precisar de um tempinho, Genelle — disse o bombeiro —, mas vamos tirar você daí.

O seu companheiro do Corpo de Bombeiros, cuja remoção ele viera fazer, estava caído por baixo e atrás de mim, com uma parte do corpo esmagada sob as minhas pernas. Lembram do tecido macio que eu senti por trás das pernas logo depois do desabamento? Aquele que depois eu tentei puxar sem saber o que era exatamente, quando comecei a sentir muito frio e precisava de algo que pudesse me aquecer? Pois ele era o uniforme — com a cor laranja fluorescente que chamaria a atenção de Rick durante a busca — do tal bombeiro morto.

CAPÍTULO 15

Liberdade

Nem de longe eu fazia ideia do número exato de pessoas trabalhando à minha volta. Ainda não estava conseguindo abrir os olhos, mas a impressão era de estar no meio de cinquenta vozes falando ao mesmo tempo, todas cheias de urgência e de empolgação. Era um repetir constante das expressões "tire isto", "tire aquilo" e "não mexa nisto", "não mexa naquilo", em *loop*, sem parar. Sempre que alguém começava a fazer algo, 12 outros começavam a tagarelar emitindo suas opiniões sobre como a tal coisa deveria ou não deveria ser feita. Uma experiência fascinante, especialmente se considerarmos que eu acompanhava a tudo com os olhos fechados e totalmente concentrada nos sons. A equipe de resgate trabalhava em esquema de cooperação total, com um único objetivo comum: conseguir me tirar dos escombros em segurança. Enquanto o grupo se concentrava nessa tarefa, Rick e Brian afastaram-se na mesma direção para onde James e Trakr haviam seguido, em busca de novos sobreviventes. Terem me encontrado encheu a todos de esperança de que podia haver mais gente com vida, e os dois militares concluíram que seria melhor deixar a parte braçal do resgate para os profissionais habilitados.

— Você vai sentir muita coisa sendo cortada e serrada à sua volta — explicou o bombeiro, ainda segurando a minha mão. — Não vamos atingi-la, mas deve fazer bastante barulho.

— Tudo bem — respondi, disposta a concordar com qualquer coisa que me dissessem.

Não posso dizer que a ideia de ter serras elétricas zumbindo em volta da minha cabeça e das extremidades do corpo pareceu confortável, mas na minha visão aqueles homens eram como emissários de Deus. E, da mesma maneira que eu havia depositado toda a minha confiança Nele para que me tirasse daquele apuro, agora precisava confiar que fora Ele que enviara aqueles homens para terminar o serviço. De qualquer forma, o bombeiro tinha razão quanto ao barulho. O ruído de metal batendo em metal e de metal raspando contra metal era constante. Cada ferramenta ou equipamento produzia um som distinto, nenhum dos quais jamais soaria agradável em circunstâncias comuns. Para mim, no entanto, eles formavam a linda música da liberdade sendo produzida. Cada rangido, batida ou campainha dizia que eu estava bem mais perto de me ver fora dali. Não saberia especificar que tipo de equipamentos eles usaram, mas pelos sons parecia haver serras circulares, britadeiras e maçaricos, entre outros. Por mais que eu quisesse abrir os olhos, acho que foi melhor que eles tivessem ficado fechados mesmo. Ver os estilhaços afiados de metal ou as fagulhas incandescentes voando por cima da minha cabeça não teria sido muito tranquilizador.

A primeira missão deles foi libertar a minha cabeça, desgastando um pouco o bloco sólido de concreto que a prendia para deixá-lo mais leve. Essa etapa consumiu vários minutos de trabalho. Quando a equipe finalmente conseguiu erguer e afastar o pedaço de concreto, a sensação foi de que a minha cabeça inchou como um balão, ficando instanta-neamente com mais ou menos cinco vezes o seu tamanho normal. A visão não devia ser das melhores, mas pela primeira vez na vida eu não estava nem um pouco preocupada com a minha aparência. E era um alívio não ter mais que lidar com esse tipo de pressão. Eu tinha a sensação de estar conseguindo respirar melhor, e o toque do ar vindo de fora sobre a pele da minha testa — por mais sujo que ele estivesse — despertava em mim uma gratidão que eu nunca havia pensado que fosse capaz de sentir.

— Você está aguentando bem, Genelle? — indagou o bombeiro

— Muito bem — respondi com um sorriso.

— E pode me dizer onde você estava antes de ter vindo parar aqui embaixo?

Eu inspirei fundo e fiquei pensando na questão por um minuto.

— Nós estávamos no 13º andar, vínhamos descendo pelas escadas quando... — E desfiei para ele toda a história da nossa tentativa de escapar do prédio pelas escadas, para em seguida me transportar de volta até o instante em que tudo começara: o barulho de vidros estilhaçando, o tremor, a oscilação da torre, o pânico, as reportagens sobre os prédios passando na televisão, Rosa... Ah, Rosa. — A minha amiga Rosa estava descendo as escadas de mão dada comigo, mas acabou se soltando quando o desmoronamento começou. Vocês por acaso sabem...

Eu interrompi a frase no meio. Tinha medo da resposta que ouviria dele para uma pergunta que — algo me dizia — acabaria se provando inútil.

— Não sei se ela conseguiu escapar ou não — falou o bombeiro sem rodeios. — Mas as buscas não cessaram, e nós voltaremos ao trabalho assim que conseguirmos tirar você daí. Agora que a encontramos, não vamos desistir de mais ninguém.

Essas palavras fizeram o sorriso voltar ao meu rosto. Eu não sei dizer se cheguei a acreditar de verdade que Rosa, Susan, Pasquale ou qualquer outra pessoa do nosso grupo seria encontrada com vida, mas o bombeiro estava certo: se eu havia me mantido viva, e com a presença de Deus, isso era sinal de que havia esperança.

O resgate prosseguiu, com diversos homens se revezando para falar comigo ao longo do processo. Eles sempre avisavam quando iam passar a trabalhar nos escombros que estavam em cima de uma área diferente do meu corpo, acho que para evitar que eu me assustasse caso sentisse alguma movimentação inesperada e também para que eu procurasse ficar imóvel, o que na verdade não era um problema. E eu tenho certeza de que eles também estavam tentando me manter envolvida no processo, para que continuasse desperta e com um estado positivo de ânimo. Era óbvio que eu precisaria de cuidados médicos, mas o pessoal do resgate não tinha ideia da gravidade do meu quadro e sabia que qualquer procedimento só poderia ser realizado depois que eu tivesse sido tirada dos destroços.

Depois de libertarem minha cabeça, eles foram descendo gradativamente até chegarem à região da cintura. E então ergueram ligeiramente o meu corpo, só o suficiente para puxarem com cuidado o braço direito, que ficara preso por baixo dele. Senti uma dúzia de mãos em cima de mim ao mesmo tempo. Cada movimento era feito muito lenta e meticulosamente. Eles não tinham como saber o que estava quebrado, e pareciam estar trabalhando com a suposição de que todas as partes do meu corpo haviam sido danificadas de uma maneira ou de outra. Essa abordagem ultracautelosa, tenho que dizer, não me incomodava nem um pouco.

Quando meu braço foi solto, eles voltaram a baixar o meu tronco e me deram um tempo para tentar mexer um pouco com ele e reativar a circulação enquanto discutiam o que seria feito em seguida e de que maneira. Eu girei suavemente a cabeça para a esquerda, sentindo todas as articulações do pescoço estalarem com esse movimento. Tentei balançar os dedos da mão direita e dobrar o cotovelo. Devo ter sentido que mexia os músculos mais do que efetivamente consegui mexê-los, mas a simples constatação de que continuava capaz de tentar fazer os movimentos já era um alívio. Todas as partes do meu corpo estavam doloridas de um jeito que eu nunca havia sentido na vida, mas em nenhum momento reclamei de nada.

Agora que conseguira girar um pouco a cabeça, eu pedi água ao bombeiro. Ele, para meu espanto, recusou-se a me dar. Pelo som da minha voz o homem podia avaliar como minha garganta devia estar seca, e acredito que ele teve vontade de me dar a água, mas também deve ter pensado na quantidade de pó e de poluentes que eu provavelmente inalara e ingerira estando soterrada. Se faria muito mal ter bebido um copo d'água por cima deles, isso eu não sei dizer. Talvez fosse servir para piorar ainda mais os danos causados por essas substâncias no meu organismo. Seja como for, eu entendo que o bombeiro só estava querendo agir com o máximo de cautela, e confiei inteiramente no seu julgamento.

— Você vai poder beber um pouco depois que for tirada daí — disse-me ele.

Depois de terem libertado minha cabeça e meu braço direito, os homens do resgate começaram a trabalhar para soltar as pernas, naquela que seria a etapa mais difícil e demorada de todo o processo. A sensação foi de que eles gastaram uma hora inteira ou duas só para cortar e afastar a viga que estava imprensando a parte de baixo do meu corpo, principalmente porque o tempo todo não paravam de surgir obstáculos para atrapalhar os seus esforços. A julgar pelo que ouvi do que diziam, acho que a tal viga estava soterrada em ambas as extremidades. Tentar desenterrá-las e erguer a peça inteira do lugar não só tomaria tempo demais como criaria um risco muito grande. Houve um momento em que o bombeiro me explicou que nós estávamos em cima de uma pilha muito alta de escombros, e que não havia como saber ao certo o quão estável ela era. Além disso, havia a questão da posição do meu corpo e do corpo do bombeiro morto em ação. As minhas pernas tinham sido imprensadas diretamente pela viga, de modo que a equipe teria que ter muito cuidado com o corte que faria no metal. E o corpo do bombeiro, imprensado diretamente sob as minhas pernas, precisava ser respeitado também. Ouvia um maçarico sendo ligado e desligado, e a cada investida feita com ele eu podia sentir o calor.

— O sujeito é profissional, Genelle — disse-me o bombeiro do resgate, como se estivesse sentindo o meu nervosismo.

— Eu sei — respondi.

Estava ficando cansada demais, mas cada vez que minha consciência começava a vaguear eu parecia ser arrancada do transe por vozes dizendo:

— Cuidado! Cuidado!

Essa foi a palavra que eu mais ouvi ao longo de todo o resgate. Eles devem tê-la repetido umas boas cem vezes desde o momento em que me encontraram nos escombros, e a cada vez, graças a Deus, eles acatavam o conselho uns dos outros.

No momento em que a viga enfim foi retirada de cima de mim, eu só soube que isso havia acontecido por causa da sensação do ar batendo na perna esquerda. Mas mal conseguia movê-la, e a perna direita estava como morta. Sem movimento nenhum. Sem sensação nenhuma. Se alguém tivesse me dito que ela não estava mais lá, eu teria acreditado nisso. Naquele momento, de qualquer forma, essa não era uma grande preocupação. Eu estava viva, afinal, e já sabia que teria uma longa jornada de recuperação pela frente. A prioridade ali era outra: que eles me tirassem dos escombros.

O processo todo levou entre três horas e meia e quatro horas. Acho que era por volta de 13h30 quando a equipe de resgate finalmente conseguiu ficar com tudo pronto para me içar dos escombros. Eu havia passado cerca de 23 horas soterrada antes de eles me encontrarem, e só depois de mais ou menos 27 horas de suplício pude ser libertada. Como é que eu havia sobrevivido debaixo dos destroços de uma das maiores estruturas de engenharia já construídas no planeta? Como podia ter resistido por tanto tempo naquelas condições? A transformação que estava sendo operada em mim fez as respostas brotarem com facilidade. Eu não tivera nenhuma participação naquilo tudo. Fora pura obra de Deus. Ele tinha um plano para a minha existência — um plano que eu não podia explicar, e cujo crédito não poderia sequer me arvorar a reivindicar. Mas eu acredito de coração que o primeiro passo desse grande plano traçado por Deus foi sem dúvida me atrair para perto Dele.

Eu pedi perdão, e Ele aceitou. Prometi, e Ele acreditou. Ou pelo menos era nisso que eu acreditava agora. A sensação era de que, junto com o concreto e as vigas, havia sido erguido de cima de mim um véu escuro que toldara a minha visão durante anos a fio. E que sentimento magicamente delicioso era saber que, passado todo o tormento, a melhor história que eu teria a contar sobre ele para a minha família e meus amigos seria justamente essa: que eu fizera um novo amigo, um amigo com quem poderia contar incondicionalmente, e a quem passaria o resto da vida servindo com orgulho e alegria.

Liberado o espaço à minha volta, a equipe providenciou uma cesta de resgate para fazer a retirada. Ela consistia basicamente numa maca comum, só que cercada com uma proteção para que eu não caísse. Eles pousaram essa maca protegida ao lado de onde eu estava e me ergueram com todo o cuidado. Mantendo meu corpo o mais baixo possível, eles praticamente o deslizaram para cima da tal cesta. Depois de acomodada nela, eu fui presa por correias de segurança na altura do peito, dos quadris e dos tornozelos. Mas o trabalho estava longe do fim. Embora o maior desafio do resgate tivesse sido me tirar do buraco, seria preciso ainda que me carregassem até a ambulância estacionada a muitos metros dali. Eu provavelmente fora soterrada debaixo de uns poucos centímetros de escombros, mas tinha ido parar no alto de uma pilha muito grande. Uma montanha de 6 ou 9 metros de altura, segundo ouvi algumas pessoas dizerem. E, sendo assim, os homens do resgate teriam que me carregar até o nível do chão sem deixar que a maca caísse e sem se machucar no processo. Num caminho liso, isso seria tarefa fácil. Mas o terreno onde estávamos era tudo, menos liso. Um passo descuidado, e você podia pisar num pedaço de metal retorcido. Outro passo, e poderia aterrissar em cima de um vidro cortante ou escorregadio demais. Para avançar o passo seguinte, talvez tivesse que erguer o pé por cima de uma viga, apenas para vê-lo pisar em falso num buraco quando voltasse a baixá-lo. Completar um percurso desses em grupo, e ainda por cima carregando o tempo todo uma pessoa em uma padiola, era um trabalho inglório. Mas um trabalho que, ao ser entregue nas mãos dos sempre engenhosos, esforçados e criativos cidadãos nova-iorquinos, logo encontrou um jeito de ser realizado.

Enquanto eu estava sendo libertada dos destroços, dezenas e dezenas de voluntários vindos das redondezas acorreram ao local, prontos para fazer o que fosse necessário a fim de me ajudar a chegar até a ambulância. Eu disse "dezenas e dezenas"? A informação que tive depois foi que esse número chegou a pelo menos duzentos, talvez quase trezentos voluntários. Uma cena simplesmente inimaginável para mim. Eles se organizaram em duas fileiras, postadas a poucos metros uma da outra, com as pessoas viradas de frente para as que estavam do lado oposto formando, basicamente, uma espécie de túnel humano. Era uma corrente dupla que começava na beirada do buraco onde eu ficara soterrada e serpenteava pelo flanco da pilha de escombros até chegar à porta da ambulância lá embaixo.

— Está pronta, Genelle? — perguntou-me um desses voluntários.

Eu respondi com o sorriso mais aberto que consegui dar.

— Pronta!

O bombeiro que passara o tempo todo ao meu lado apertou minha mão uma última vez.

— Você foi muito bem — disse ele.

— Obrigada por tudo — falei, sem saber ao certo como agradecer ao homem que tivera um papel fundamental no esforço para salvar a minha vida.

Sem conseguir abrir direito os olhos ainda, eu não fazia ideia de como era a aparência desse bombeiro. E uns poucos segundos depois de ter dito "obrigada" eu me dei conta de que em nenhum momento do resgate ele me dissera o seu nome. Como eu fora capaz de deixar de perguntar isso ao bombeiro? Mas agora era tarde demais. Uma fração de segundo depois de eu haver pronunciado as palavras "obrigada por tudo" começou a minha descida até o sopé da montanha de escombros.

Com a cabeça voltada para a direção da ambulância, lá fui eu... E eu nunca poderia ter imaginado as sensações físicas daquela jornada. As serras, britadeiras e maçaricos que haviam cortado, perfurado e queimado o concreto e metal à minha volta acabaram sendo bem mais agradáveis do que estar sendo transportada naquela maca. As duas fileiras de voluntários não haviam conseguido se perfilar ombro a ombro no terreno irregular onde estavam, e nem sempre um indivíduo conseguia estar na mesma altura daquele postado à sua frente. Ao ser passada de mão em mão, como um fã que dá um mergulho na plateia de um show de rock, eu me vi inclinando-me para baixo, para cima, de um lado para o outro e com a sensação ocasional de que devia estar quase prestes a emborcar. Eu quicava sem parar. Quando conseguia abrir um pouco os olhos, eles ainda não enxergavam muita coisa. Aquilo era como dar uma volta de montanha-russa no escuro. Eu não fazia ideia do quanto faltava para o fim, e o caminho parecia que não iria acabar nunca mais. Cheguei a me perguntar se os voluntários por acaso não estavam pretendendo me passar de mão em mão até chegar ao hospital.

Não é que eu esteja reclamando — podem acreditar. O que eu queria era conseguir chegar até a ambulância da maneira que fosse, só não havia me preparado para enfrentar as peculiaridades daquele meio de locomoção.

Do ponto de vista psicológico, entretanto, foi um trajeto revigorante. Todos tinham algo a me dizer ao ajudar a passar a maca de mão em mão. Foram incontáveis "aguente firme", "muito bem" e "Deus te abençoe" pelo caminho, junto com outras tantas frases de apoio. De vez em quando eu abria os olhos para tentar vislumbrar os rostos de algumas daquelas pessoas. Mas mal conseguia distinguir qualquer coisa, e então me limitei a sorrir de olhos fechados a maior parte do tempo e aproveitar a jornada rumo à liberdade.

Assim que a maca chegou ao fim das fileiras de voluntários, eu me assustei com os gritos da multidão. Todos começaram a aplaudir como se estivessem na arquibancada lotada de uma partida dos Yankees. Foi um som impressionante, um momento lindo. Mas será que todos aqueles "vivas" eram para mim? Fiquei torcendo para que a aclamação fosse mais para eles mesmos — para todos aqueles homens e mulheres corajosos que haviam deixado os companheiros e filhos em casa, que tinham saído do seu trabalho para arriscar a vida em busca de almas perdidas como eu. Terei uma dívida eterna com elas. São os meus heróis.

Depois que os aplausos cessaram, fui carregada para a traseira de uma ambulância, que logo teve as portas fechadas. Um enfermeiro borrifou meus olhos com um tipo de fluido que os limpou e permitiu que eu abrisse um pouco mais as pálpebras. Outro enfiou temporariamente um tubo pela minha garganta, o que fez com que eu engasgasse. Devia ser algum procedimento para limpar meus pulmões, imagino. Depois que o tal tubo foi removido, eu relaxei e senti o sorriso se espalhar outra vez no meu rosto. O motorista ligou a sirene, e nós partimos em alta velocidade rumo ao Centro Hospitalar Bellevue.

— Estão me levando para casa? — perguntei. Perto do que havia enfrentado ao longo das últimas 24 horas, eu me sentia ótima.

— Não — disse, rindo, um dos enfermeiros. — Você vai direto para o hospital.

A ambulância praticamente voava. Não sei a velocidade exata, mas imagino que o motorista tenha corrido o máximo que conseguiu pelo meio do trânsito sempre engarrafado da cidade. O trajeto não demorou muito, mas eu nunca vou me esquecer dos pensamentos que passaram pela minha cabeça nesse período. Eu ia dentro da ambulância refletindo sobre tudo o que havia enfrentado ao longo de um único dia. Para mim, era impressionante constatar que passara trinta anos da vida rodeada pela influência de Deus em toda parte — vinda dos meus pais, de Elvis, de muitos parentes, da igreja, da escola, e até mesmo de Kimberly — sem nunca ter sentido nenhuma ligação ou dívida para com Ele. E que mesmo assim tudo havia se transformado num único dia. O melhor de tudo era saber que não se tratava de uma empolgação passageira. Não era um alarme falso. Eu tinha certeza absoluta de que estava vivendo o início de algo importante, de um relacionamento que seria o eixo do resto da minha vida.

À medida que chegávamos mais perto do hospital, Paul voltou a ocupar meus pensamentos. Eu não conseguira ver a extensão dos escombros quando estava sendo carregada na maca, mas, sabendo que as torres originalmente tinham mais de cem andares cada uma e a julgar pelo tempo que levara o trajeto até a ambulância, minha conclusão era de que só podia ser uma área de devastação enorme. E não havia como Paul ter me encontrado no meio da vastidão de destroços por pura coincidência. Era impossível. Deus o havia guiado até o local exato. Mas por que eu? Certamente havia muitas outras pessoas que, pelo seu empenho em trilhar o caminho do bem, mereceriam mais do que eu a graça de serem salvas. Talvez eu tivesse algum tipo de ligação prévia com Paul, mesmo sem saber disso. Mas, ainda assim, como ele me encontrara soterrada daquele jeito? E quem era esse Paul? Um bombeiro? Um policial? Um cidadão comum, que se oferecera como voluntário? Eu me peguei pensando na rota que ele devia ter seguido até se deparar comigo. Desde o momento em que estava em casa com a família até quando se viu no local de um dos maiores desastres da história do país. Ele devia ter caminhado pelos destroços durante horas, cavando, gritando, tentando escutar, procurando por qualquer sinal de vida. Teria localizado alguma outra pessoa antes de mim? Depois que largou a minha mão, será que ele havia continuado a procurar mais gente? E será que conseguira encontrar mais alguém, afinal?

Um milhão de perguntas sobre ele e para ele pairavam na minha cabeça, e eu sabia que só teria as respostas depois que chegasse ao hospital e conseguisse os meios para localizar Paul. Que tipo de vida ele levaria? O fato de ter me encontrado com vida teria sido uma experiência transformadora na sua trajetória? Ou seria só um evento de rotina, mais um dia de trabalho, uma parte da carreira que ele escolhera para si?

Em resumo: quem seria esse homem que, pela graça do Senhor, havia se tornado o meu salvador? Quem seria esse homem cujo desprendimento proporcionara a mim, e logo a mim, uma segunda chance na vida? Eu não via a hora de me encontrar com ele e de poder finalmente descobrir as respostas.

CAPÍTULO 16

Os pilares de força

Enquanto eu dava entrada no Hospital Bellevue, Roger, no nosso apartamento, tentava se recuperar da ressaca. Ele acordou por volta das 9h30 de quarta-feira — bem no horário em que eu estava sendo encontrada pela equipe de resgate — com a esperança de que o dia anterior não tivesse passado de um pesadelo. Mas a garrafa vazia de rum jogada ao seu lado na cama e a dor de cabeça latejante eram lembretes inescapáveis de que havia sido tudo verdade. Ele continuou a rezar em voz alta do ponto onde parara na véspera, pedindo que Deus lhe mostrasse o que fazer para ter-me de volta, até que foi vencido pelo desânimo, pelo menos momentaneamente.

Com passos lentos, Roger foi até a sala onde Camille assistia à televisão. Minha sobrinha Carla também estava lá, junto com Esther, uma velha amiga nossa de Trinidad. Corey passara a noite no apartamento, mas já havia saído para o trabalho a essa hora.

— Bom dia — resmungou Roger.

— Como você está se sentindo? — perguntou Camille, num tom consternado.

— Tudo certo — afirmou ele, sentindo a cabeça martelar o oposto.

E bastaram dois minutos vendo as reportagens na televisão sobre os acontecimentos da terça-feira para que ele virasse as costas e se arrastasse de volta para o quarto.

— Obrigado por terem ficado aqui — falou, dirigindo-se a todos os presentes. — Mas acho que não seria uma boa companhia no momento. — Roger deitou-se outra vez na cama e voltou a rezar, mas imagens pessimistas começavam a ofuscar as suas orações desesperadas

As imagens só faziam a dor de cabeça piorar ainda mais, e ele não conseguia controlar o fluxo. Roger conta que um fio de esperança de ainda me encontrar viva, talvez correspondente a uns 10% do total dos seus pensamentos, continuava firme na sua cabeça — mas isso era apenas porque ainda não havia recebido a confirmação da minha morte. Ele estava ciente da realidade da situação. Ficara diante da Torre Norte à minha espera até muito tempo depois do horário em que eu já devia ter saído de lá. Ele vira uma das torres desabar, e depois ouvira a mesma coisa acontecer com a outra. Estivera cara a cara com os feridos, com os ensanguentados, com os mortos. Ele vira as pessoas correndo para fora dos edifícios para salvar a vida, enquanto me procurava sem sucesso no meio delas. E decidiu checar então a caixa postal do celular. Mas não havia mensagens.

Roger vagueou entre o despertar e a inconsciência durante horas, tentando se manter acordado e rezar, mas em muitos momentos sucumbindo à tristeza e à dor física. Então, por volta das 3 horas da tarde, talvez 3h30, o telefone do apartamento tocou. O aparelho havia tocado muitas outras vezes ao longo daquela manhã e no início da tarde, com ligações de pessoas querendo saber como ele estava e se havia recebido alguma notícia sobre mim. Camille ficara encarregada de atender a todas as ligações, e foi o que fez com essa última também. Depois de desligar o aparelho, ela saiu em disparada pelo corredor para bater à porta do quarto.

— Roger?

— Hmmm?

— Eu posso entrar?

— Pode.

Camille abriu a porta e o encontrou deitado por cima das cobertas, com os olhos fechados.

— Roger, o telefonema era do Hospital Bellevue.

Durante três segundos ele ficou imóvel, espantado, tentando processar o que havia escutado. Em seguida, abriu os olhos e ergueu a cabeça.

— E o que foi que eles disseram?

— Queriam saber se aqui era a residência de Roger McMillan. Eu confirmei e falei que você estava dormindo, e então eles avisaram que precisam da sua presença por lá.

— Para quê?

— Foi a pergunta que eu fiz, mas não quiseram me dar a informação — respondeu Camille, pesarosa, pensando na mesma coisa que surgiu imediatamente na cabeça de Roger: que o meu corpo fora encontrado. — Só falaram que precisam conversar com você.

Roger voltou a pousar a cabeça na cama, olhando fixo para o teto.

— Eu não tenho como fazer a identificação do corpo dela — disse ele, com os olhos começando a se encher de lágrimas. — Não vai dar. Não vou conseguir vê-la desse jeito.

— Nós ainda não sabemos se é isso que eles querem, Roger. Vamos até lá para tentar descobrir. — E Camille saiu do quarto para que ele pudesse trocar de roupa.

Depois de alguns minutos, Roger apareceu na sala. E as três moças, os seus três pilares de sustentação naquele dia, o abraçaram antes de todos se dirigirem juntos para fora do apartamento.

Em meio ao caos que tomara conta do sistema de transportes da cidade, eles tiveram a sorte de conseguir pegar um trem e depois um ônibus na direção de Manhattan. O trajeto levou cerca de noventa minutos, mas, mentalmente, foi a viagem mais longa que Roger já havia feito na vida.

— Eu não vou conseguir olhar para o corpo sem vida dela — repetiu ele, a bordo do trem. — Não vai dar.

Dizer isso em voz alta o fez se lembrar de que Corey tinha uma amiga que trabalhava no Bellevue. Roger não tinha certeza do cargo ou setor dela, mas talvez fosse alguém capaz de esclarecer a misteriosa ligação de mais cedo. Ele discou o número do celular do irmão.

— Corey? Oi, eu estou a caminho da cidade com Camille, Carla e Esther. Ligaram do Bellevue me pedindo para ir até lá.

— Para quê?

— Não faço ideia. Foi Camille que atendeu ao telefone e não quiseram dar os detalhes para ela. Disseram só que Roger McMillan precisava comparecer ao hospital. E é por isso que resolvi ligar para você. Aquela sua amiga ainda trabalha lá?

— Sim, sim, com certeza — foi a resposta de Corey.

— Você acha que ela pode tentar descobrir do que se trata? Se estão querendo que eu faça a identificação do corpo da Genelle, isso está fora de questão. Eu não vou conseguir.

— Tudo bem. Vou telefonar para ela e já ligo de volta.

— Está certo. Obrigado.

Roger desligou o telefone, e a longa jornada continuou. Eles saltaram do trem para tomar o ônibus, que os levou até o mais perto possível do hospital, mas mesmo assim os quatro teriam que concluir uma parte do trajeto a pé. Enquanto iniciavam a caminhada, o celular de Roger tocou. Do outro lado da linha, Corey tinha a resposta que o irmão estava querendo desde a hora do primeiro telefonema da equipe do Bellevue: afinal, eu estava viva ou morta?

Tente imaginar a notícia mais terrível que você poderia receber na vida, uma notícia capaz de fazer a sua alma mergulhar até o fundo do oceano, e depois pense na melhor notícia de todas, uma capaz de lançá-lo direto para as estrelas. Agora imagine a sensação de ser arrancado do fundo do oceano para o meio das estrelas num piscar de olhos. Pois foi isso que aconteceu com Roger. Depois de estar certo de que nunca mais me veria com vida...

— Roger? É Corey. Ela está viva!

O coração de Roger começou a acelerar imediata e incontrolavelmente.

— Ela... o quê?

— Ela está viva, Roger! Deu entrada no Bellevue!

— Louvado seja Deus! Ela está viva! — anunciou ele para as moças, que explodiram de alegria na mesma hora.

— Alô, Roger? — Corey teve que gritar ao telefone para ter de volta a atenção do irmão. — Mas a minha amiga pediu para avisar sobre uma coisa.

— O quê?

— Ela não vai estar parecida com a Genelle que você conhece. O rosto e a cabeça estão muito inchados. Ela ficou muito machucada. Vai se recuperar com o tempo, mas passou por muita coisa. É melhor você se preparar antes de entrar lá.

— Tudo bem — falou Roger. — Obrigado, irmão. Eu ligo para você depois.

Ele transmitiu a Carla, Camille e Esther o aviso de Corey sobre a minha aparência. As três começaram a fazer um esforço para imaginar o pior cenário possível... mas logo se deram conta de que isso era o que menos importava. Eu estava viva, e ponto. Todo o resto era secundário.

Os quatro fizeram ligações dos seus celulares enquanto continuavam a caminhada, que agora se parecia mais com um desfile triunfal do que com uma procissão fúnebre. A notícia foi passada a todos os parentes e amigos de quem conseguiram se lembrar, e logo chegaria também a Trinidad... e a Kimberly.

Ela, assim como Roger, estava praticamente certa de que eu morrera. Depois de ter conversado com o pai na terça-feira à noite e de ter tentado lidar com a situação da melhor maneira possível para uma menina de 12 anos, ela chorou na cama até dormir, fazendo a Deus a mesma pergunta que Roger estava fazendo, e a mesmas que eu fizera enquanto estava presa debaixo dos escombros: será que Ele me daria uma segunda chance de viver? Pensando bem, acho que Deus deve ter sido assediado exatamente no mesmo momento pelas preces de Roger, de Kimberly e as minhas, isso sem falar nas orações que todos os outros familiares e amigos estavam fazendo. Essa ideia evoca o milagre que eu acreditei ter testemunhado muitos anos atrás na casa da minha tia Hilda e a maneira como sempre creditei esse milagre em parte à força conjunta das orações do grupo em volta dela. Enquanto rezava debaixo dos escombros eu achei que a minha situação fosse diferente, porque não tinha todas as pessoas reunidas fisicamente à minha volta, porque me sentia sozinha e abandonada. Mas a verdade era que, mesmo sem que eu pudesse vê-las, havia gente rezando com o mesmo fervor, em intensidade e em quantidade, para que eu sobrevivesse. Mesmo que tenha me sentido solitária, eu nunca estive sozinha. De jeito nenhum.

Quando acordou na manhã de quarta-feira, Kimberly continuou rezando, mas estava sem disposição para ir à escola. Entre os seus colegas, a notícia do meu desaparecimento se espalhava depressa. E em todo o país também, aliás, à medida que meu nome era repetido nos noticiários da TV e do rádio por toda a ilha. Eu estava ficando famosa na minha terra natal, embora fosse por razões bem diferentes daquelas com que sempre havia sonhado.

Pouco depois de Roger e as moças terem recebido de Corey a notícia de que eu estava viva, Kimberly e Elvis foram avisados também por telefone pela minha irmã Christine. Ao ouvir o que a tia lhe disse, Kimberly soltou gritinhos de empolgação.

— E eu posso falar com ela? — Essas foram as primeiras palavras a sair da boca da minha pequena.

— Roger ainda nem chegou ao hospital, querida — explicou Christine. — Mas ele está indo para lá e vai colocar vocês duas em contato assim que for possível.

— Tia, peça para dizerem a ela que eu a amo — pediu Kimberly.

Assim que chegaram ao hospital, Roger, Camille, Carla e Esther passaram pela recepção e trataram de encontrar lugares para sentar no saguão lotado. Havia gente por todos os lados, muitos com cara de quem chorara por horas a fio. Todos procuravam se manter em silêncio ou conversar em voz baixa com os demais do seu grupo em sinal de respeito aos outros presentes. Ninguém podia saber o motivo de estar ali das outras pessoas. Alguns talvez tivessem vindo encontrar parentes com ferimentos leves, enquanto outros esperavam notícias de entes queridos com poucas chances de vida. Quanto a Roger, ele ainda não fazia ideia de qual era o meu estado, mas estava prestes a descobrir.

— Roger McMillan — uma das atendentes chamou.

Ele deu um salto da cadeira onde se sentara.

— Elas podem ir comigo? — perguntou, apontando para Camille, Carla e Esther.

— Eu sinto muito — respondeu a moça. — Mas só um pode entrar.

Roger deu um abraço nas amigas antes de se dirigir ao meu quarto. No caminho, ele recebeu um traje e uma máscara hospitalares. Ao chegarem à porta, a atendente reiterou o alerta que Corey havia feito mais cedo: a minha aparência estaria muito diferente da que ele estava acostumado a ver. Roger assentiu com a cabeça. Ele não se importava. Tudo o que queria era poder me ver.

Com o coração batendo acelerado, meu namorado foi conduzido para dentro do quarto. O lugar estava mergulhado num silêncio cortado apenas pelos bipes ocasionais dos aparelhos, e a iluminação era muito suave. Roger caminhou até junto da cama e olhou para mim. E olhou. E olhou. E então girou a cabeça para lançar um olhar desconcertado para a atendente. E voltou a olhar para mim. E continuou olhando. O seu coração afundava no peito. Toda aquela alegria porque ia me ver, e agora... Será que podia ter havido algum erro na identificação? Ceticamente, ele chegou mais perto. Tudo o que via na cama era uma pessoa com a cabeça muito inchada e completamente coberta por uma poeira branca. Os cabelos, o rosto, os braços — estava tudo branco.

— Genelle? — indagou ele, incerto.

Um tubo de sucção fora inserido pela minha boca e descia pela garganta para retirar as substâncias tóxicas que haviam sido inaladas, e ele me impedia de falar. Erguendo um pouco o braço esquerdo, eu acenei lentamente com a mão. Quando Roger a tomou na sua, hesitante, eu apertei o mais forte que consegui.

— Genelle? — repetiu ele.

Eu apertei mais a sua mão. E foi nesse momento que Roger teve a certeza de que era eu mesma. Com um sorriso de alívio, meu namorado sussurrou carinhosamente as palavras de que eu nunca vou esquecer:

— Por que você não saiu de lá quando eu lhe disse para fazer isso?

Eu sorri, ou pelo menos fiz menção de sorrir, e uma lágrima solitária de alegria desceu do meu olho esquerdo. Roger a enxugou enquanto começava a chorar também.

— Ah, Genelle — disse ele. — Graças a Deus que você está aqui! Graças a Deus.

CAPÍTULO 17

Recuperação

Foi no dia seguinte, se não me engano — logo depois que o tubo de sucção fora retirado da minha garganta —, que o telefone do meu quarto começou a tocar de repente. Roger atendeu à ligação.

— É para você — falou ele, passando-me o telefone.

Eu estava me sentindo fraca e sem muita disposição para conversar, mas sabia que, para ele ter feito aquilo, devia ser alguém importante.

— Alô? — atendi.

— Mamãe?

— Kimberly? — Respirei bem fundo e em seguida comecei a chorar.
— Minha pequena... como você está? — Eu mal podia acreditar que estava falando com a minha filha. Prestando atenção ao que ela dizia, não parava de agradecer mentalmente a Deus.

— Tudo bem. — A voz dela estava soando diferente, mais madura.
— E você, como está?

— É, eu já tive dias melhores — respondi com um risinho, usando a mão que não estava agarrada ao telefone para enxugar as lágrimas.
— Mas poderia estar muito pior.

A conversa não durou muito, por causa do meu estado debilitado e também por ser uma ligação internacional. Mas só a chance de ouvir

141

a voz dela já fez valer a pena. Kimberly quis saber o que havia acontecido, e eu contei a história da maneira mais resumida que consegui. Ainda não era hora nem lugar para entrar em detalhes. Ela me falou rapidamente do que tinha passado antes de saber que eu estava viva. Foi uma conversa muito íntima e carregada de emoção, com momentos de choro e de riso, e muito afeto de um lado e do outro. Kimberly queria ir me visitar, mas eu expliquei que estava tudo bem e que seria melhor que ela ficasse em casa. Não queria que a menina deixasse de ir à escola, e também não seria bom que me visse naquele estado. Além disso, eu também não sabia se a cidade de Nova York continuava na mira dos terroristas e se haveria mais situações de risco a caminho. Obviamente eu esperava que não fosse esse o caso, mas não iria me arriscar a levar minha filha para lá. Principalmente se, para isso, ela tivesse que tomar um avião sozinha.

Eu lhe disse que logo nós poderíamos ficar juntas, e que iríamos nos falar por telefone muitas vezes até isso acontecer. A sensação era que, para Kimberly, aquilo tudo havia sido como se ela tivesse recebido a sua mãe de volta — a mãe que sempre desejara ter —, e eu sabia que a menina estava certa.

— Eu te amo, mamãe — falou ela no fim da nossa conversa.

Eu comecei a chorar outra vez.

— Te amo também, pequena.

Roger foi a presença mais constante durante as seis semanas em que eu fiquei no hospital. Ele despertava sozinho no apartamento assim que o dia clareava, tomava um trem para a cidade, ia direto para o Bellevue e ficava lá ao meu lado o dia inteiro. Roger cuidava para que eu estivesse confortável, me ajudava na hora das refeições, lia a Bíblia para mim e ficava ao meu lado nas sessões de reabilitação. E, nos dias em que precisava trabalhar, ele só passava meio período no escritório para poder estar no hospital o resto do tempo. Roger não saía do meu lado até por volta das 11 da noite. Imagino o desgaste físico e mental que esse período deve ter sido, mas não o ouvi reclamar nenhuma vez. Ele nunca deu a entender que não queria estar lá, e se esforçou o tempo todo para me ajudar. E isso foi uma verdadeira bênção para o nosso relacionamento, pois provou que eu poderia contar com meu namorado mesmo em tempos difíceis. Não que eu jamais tivesse tido alguma dúvida quanto a isso, mas ter visto acontecer na prática foi algo maravilhoso.

Tirando a constância da sua companhia diária, o resto daquelas seis semanas de hospital foi um redemoinho de acontecimentos: as visitas de amigos e da família, os telefonemas, o entra e sai dos enfermeiros para monitorar meu estado o tempo todo, as cirurgias, os diagnósticos inesperados, as sessões de fisioterapia, a questão do visto. Eu nem me lembro em que ordem tudo foi acontecendo, porque era muita coisa afinal — mas o tédio hospitalar certamente não foi um problema para mim.

Para falar do aspecto físico, depois de um ou dois dias da minha chegada a equipe de enfermagem finalmente conseguiu me limpar um pouco. O inchaço foi cedendo com o tempo, e eu comecei a me parecer um pouco mais com a pessoa que costumava ser. O meu quadro de saúde estava claro a essa altura: os olhos não haviam sofrido maiores danos, e estava tudo certo com os pulmões. Eu tivera alguns arranhões, principalmente nas costas e nos braços, e precisara levar pontos em três ferimentos diferentes na perna esquerda. O estrago maior estava na perna direita, que havia ficado imprensada sob o meu corpo. Os médicos foram francos e diretos: havia algumas fraturas, além de nervos e músculos danificados desde a coxa até a altura do pé. Eu provavelmente teria que passar por uma série de cirurgias nos próximos dias, e a possibilidade de uma amputação também não fora descartada.

A minha reação diante dessa notícia? Por incrível que pareça, foi apenas um: "Que seja." Este provavelmente foi o primeiro teste, desde o resgate, da minha decisão de entregar a vida inteiramente nas mãos de Deus. Não, eu não queria perder a perna direita, mas se isso era o pior que podia acontecer depois de eu ter passado por tudo o que havia passado, então que assim fosse. Deus escolhera me manter viva por uma razão, e não era a perda de uma perna que iria mudar isso.

A primeira cirurgia aconteceu logo no início da internação, e a minha perna foi imobilizada com um gesso em seguida. Poucos dias mais tarde aconteceram a segunda e a terceira operações, sempre terminando com a imobilização e o gesso. Os médicos não me disseram muita coisa depois das duas primeiras intervenções, apenas que tudo havia corrido conforme o esperado. Depois da terceira, entretanto, o cenário ficou menos animador.

— A perna está morta — declarou o doutor, sem rodeios. — Nós vamos tentar mais uma cirurgia para ver o que conseguimos fazer, mas não podemos garantir nada.

Acho que podemos dizer que enfrentei o meu segundo teste depois de receber essa notícia. E, mesmo com a possibilidade de perder a perna tendo se tornado um pouco mais palpável, eu continuava sem problemas para aceitá-la. Minha sensação era de que nada poderia abalar a alegria por ter sobrevivido.

O procedimento que eles usaram nessa quarta tentativa foi uma fasciotomia, uma cirurgia na qual a fáscia, o tecido conjuntivo que envolve os músculos e nervos da área afetada, é cortada para aliviar parte da pressão. Também foi preciso fazer a remoção de uma boa parte desse tecido, o que deixou uma falha permanente nessa perna além das cicatrizes da intervenção em ambos os lados. Mas a cirurgia foi um sucesso. A pior notícia que recebi depois dela foi que provavelmente precisaria esquecer para sempre a ideia de usar minissaia. Os médicos haviam conseguido salvar a minha perna morta, e agora não viam mais nenhum impedimento para a minha recuperação total.

Depois dessa última operação, eu ganhei um par de muletas e comecei as sessões de fisioterapia. O processo era bastante doloroso, mas eu estava avançando bem e conseguindo aos poucos recuperar minha mobilidade. Eu me sentia bem, fazia progressos todos os dias — até que aconteceu um grande revés.

Certa manhã, enquanto fazia os meus exercícios com o fisioterapeuta, eu de repente tive um desmaio. Havia sentido um pouco de tontura pouco antes de cair, mas não dera muita importância ao fato. Achei que devia ser apenas um resultado do esforço da fisioterapia, uma consequência comum do processo de reabilitação. Os enfermeiros trataram de me despertar e me levaram de volta para o quarto.

— Amanhã nós voltaremos aos exercícios — disse-me um deles. — Por hoje, é melhor você descansar.

Era a primeira vez na vida que eu tinha um desmaio. Meses antes eu me sentira mal no trem a caminho do trabalho e cheguei a pensar que fosse desmaiar, mas isso acabou não ocorrendo. Daquela vez, também, eu não dera muita importância ao acontecido.

No dia seguinte, voltei à sala de fisioterapia. Havia tomado o cuidado de me alimentar bem antes da sessão — mas a situação se repetiu. Eu simplesmente parei no meio de um exercício e desmaiei. A reincidência preocupou os médicos. Eles decidiram me deixar de repouso outra vez, mas pediram alguns exames. E não demoraram a me levar uma notícia alarmante.

— Você tem uma arritmia cardíaca — informou-me o cardiologista. Ele explicou que podia ser congênita e que talvez nunca tivesse representado um grande problema até ali. Sua voz não parecia muito preocupada, mas eu senti que havia mais alguma coisa que ele estava querendo me dizer.

— E o que isso significa para a minha vida? — indaguei, sentindo-me um pouco apreensiva.

— Bem, nós ainda vamos precisar de mais alguns exames — respondeu ele. — Talvez você só precise colocar um marca-passo para continuar levando uma vida normal, mas só depois de saírem os resultados nós poderemos ter certeza.

Se o marca-passo era a solução, então que fosse. Eu só queria resolver logo a questão para poder voltar à minha fisioterapia.

Depois de analisarem todos os exames, os médicos decidiram tentar uma opção, usando um medicamento que tentaria fazer o meu coração voltar a bater a contento. O efeito, felizmente, foi imediato. O marca-passo não seria necessário. Eu provavelmente ficaria dependente do remédio para o resto da vida, segundo me explicaram, mas não achei que isso fosse um grande problema.

E, assim, pude voltar para a fisioterapia e trabalhar para recuperar totalmente a força da perna direita. Bem, pelo menos durante algum tempo... até que eles descobrissem um outro problema grave.

Como se a perna esmagada e a arritmia não bastassem, as enfermeiras haviam colhido material para um papanicolau após as minhas cirurgias. E o que eu achava que seria apenas uma monitoração de rotina virou motivo de medo quando chegaram os resultados: havia indícios de um câncer cervical. Uma enfermeira me falou que era provável que eu fosse precisar ter o útero removido, o que obviamente eliminava a possibilidade de gerar outros filhos. Fiquei olhando para ela em estado de choque, e em seguida comecei a chorar. E só me lembro de um pensamento nessa hora: *Tudo bem, Senhor, o que mais vai acontecer agora?* Até ali eu vinha me mantendo com o espírito confiante, disposta a encarar qualquer má notícia que aparecesse. Mas um câncer? Câncer é uma doença mortal. Será que eu aguentaria enfrentar uma nova ameaça de morte tão pouco tempo depois do baque anterior? Não sabia se teria forças para isso. E, embora nunca tivesse conversado seriamente a respeito com Roger, eu sabia que ele queria ter filhos. Como será que o meu namorado reagiria a essa notícia?

Para o meu grande alívio, Roger seguiu demonstrando a mesma calma e o carinho de sempre.

— Aconteça o que acontecer, Genelle, as coisas serão como têm que ser.

Eu não sei o que teria feito sem o amor e o apoio dele em cada passo dessa jornada.

Confiante nas palavras de Roger, no dia seguinte recebi uma notícia maravilhosa. Após uma avaliação médica mais criteriosa, eles concluíram que a remoção do útero não seria necessária. Em vez disso, optaram por um procedimento chamado LEEP, que consistiria basicamente em queimar as células anormais encontradas no colo do meu útero. Que levou cerca de meia hora, e pronto. Os exames posteriores mostraram que a intervenção fora um sucesso e que as células cancerosas haviam sido eliminadas.

Quantas vezes Deus ainda iria me salvar? Eu me sentia indigna da Sua misericórdia.

Embora essas reviravoltas no meu quadro clínico já fossem suficientes para deixar as minhas emoções em polvorosa o dia inteiro, todos os dias, elas representaram só uma pequena parcela dos desafios mentais que precisei enfrentar durante a minha estada no hospital.

Uma das primeiras visitas que recebi foi de representantes da Cruz Vermelha, que me procuraram para ver como eu estava me recuperando e de que maneira poderiam ajudar. Fiquei agradecida pela sua preocupação, mas logo eles começaram a fazer perguntas pessoais que foram me deixando apreensiva. Eu conseguira manter escondidas as minhas questões com o Departamento de Imigração sem muitos problemas até o 11 de Setembro, mas agora havia prometido a Deus que não faria mais isso. O meu visto era a última coisa em que eu estava pensando quando o pessoal da Cruz Vermelha chegou ao hospital, mas de repente me dei conta de que ele poderia se transformar numa questão. Comecei a pensar, então, em como ficaria a minha situação com o hospital. Embora a agência de empregos temporários me garantisse um seguro-saúde, o que iria acontecer quando eles descobrissem que eu estava no país ilegalmente? Será que me expulsariam do hospital? Será que me mandariam de volta para Trinidad numa maca? Felizmente, as perguntas feitas pela Cruz Vermelha não me obrigaram a revelar nada que insinuasse a minha situação irregular no país. Eu continuava determinada a revelar tudo como havia prometido a Deus, mas assim teria mais algum tempo para me preparar.

E decidi que a pessoa que merecia ser informada em primeiro lugar era a minha chefe na agência de empregos, que havia passado tanto tempo esperando pacientemente que eu lhe entregasse a documentação que faltava. Ela apareceu para me fazer uma visita pouco depois do pessoal da Cruz Vermelha, e foi muito gentil me perguntando como eu estava e que tipo de cuidados vinha recebendo. Eu lhe disse que estava tudo maravilhoso.

— Só que... — Eu estava hesitante, lutando para encontrar as palavras certas. — O problema é que...

E só precisei dizer isso antes de ser interrompida por ela.

— Eu sei — disse a minha chefe, com um sorriso compreensivo no rosto. — E você não precisa se preocupar com isso. Todos os cuidados médicos de que precisar estão garantidos.

Fiquei chocada. De alguma maneira, ela já sabia. E, de alguma maneira, havia cuidado de tudo. Eu não sabia o que dizer, e nem como me sentir a respeito. Fui tomada por uma sensação de alívio, porque o meu estado físico era precário e eu certamente precisaria de cuidados médicos durante um bom tempo e porque já não esperava poder contar com nenhuma ajuda desse ponto em diante. Eu estava vivendo ilegalmente no país. Por que mereceria ajuda? Tinha plena noção de que era errado permanecer no país sem permissão para isso. Sim, eu viera para os Estados Unidos disposta a trabalhar duro e a construir uma vida melhor para mim e para minha filha, mas isso não significava que podia burlar as regras. Ao mesmo tempo, como poderia recusar a bondade daquela mulher nas condições em que me encontrava? Eu apenas sorri e agradeci de todo o coração enquanto mentalmente agradecia a Deus por ter posto aquela pessoa maravilhosa no meu caminho. Agora haveria uma coisa a menos com que me preocupar — e uma coisa bem importante, pelo menos naquele momento.

Também recebi visitas regulares de diversas outras pessoas. O meu grande amigo Danny Auguste, que trabalhava por perto, passava para me ver quase todos os dias. O meu supervisor na Autoridade Portuária, Joaquin Gonzalez (nenhum parentesco com Rosa), que ainda não havia chegado para trabalhar no dia do ataque às torres, também costumava aparecer. Eu fiquei extasiada no dia em que Joaquin me contou que Joe Roque, o primeiro a dizer que nós precisávamos sair do edifício, havia feito exatamente isso e conseguido escapar em segurança antes do desabamento. E a melhor notícia que recebi durante o meu período de internação também foi levada por Joaquin, quando ele me contou que de alguma maneira Pasquale também conseguira sobreviver. Ele, que estava logo à frente de Rosa e de mim no instante do desabamento, havia passado pela mesma experiência terrível que eu enfrentara. Só que, por algum motivo, depois que a poeira baixou, Pasquale se viu por cima da pilha de escombros em vez de soterrado por ela. Ele ficara desmaiado durante algumas horas logo depois do desastre, segundo me disseram, mas acabou despertando e sendo resgatado apenas com alguns cortes, um pé quebrado e uma concussão. E foi fantástico saber que o herói que havia guiado o nosso grupo na descida pelas escadas fora recompensado com a sua própria vida de volta.

Infelizmente, essa era a última boa notícia que havia a respeito daquelas 16 pessoas que iniciaram juntas a jornada pelas escadas do edifício.

Do ponto de vista emocional, a visita mais intensa que recebi dias após os ataques foi a dos familiares de Rosa, mais especificamente de um irmão e do pai da filha dela. Eles entraram no quarto sorrindo e perguntando como eu estava, mas seus sorrisos logo foram se transformando em expressões de tristeza quando começaram a indagar nervosamente o que eu podia lhes contar sobre a última vez em que vira Rosa. Os dois já haviam espalhado cartazes com a foto dela pela cidade naqueles dois dias de buscas e, embora procurassem manter a esperança, seus corações lhes diziam que provavelmente não teriam um desfecho positivo. E eu, infelizmente, não podia contribuir muito para mudar essa perspectiva. Tive que fazer um esforço para não chorar enquanto lhes relatava o nosso trajeto escada abaixo e a maneira como nós duas havíamos nos separado no último instante. Eles me agradeceram por lhes contar o que sabia, e então me deram um retrato dela que gostariam que ficasse comigo. Nesse momento, eu não consegui mais me conter, e o choro transbordou, aos soluços. E eu voltaria a chorar outra vez todas as noites, por muitas noites, quando olhava para a fotografia e pensava que havia perdido a minha amiga Rosa... e também Susan... e todas as outras pessoas do grupo. Cheguei até a pedir a Deus se Ele faria mais um de Seus milagres ajudando as famílias dessas pessoas a encontrarem todos com vida. Embora soubesse que isso não iria acontecer, rezar para que acontecesse era tudo o que me restava fazer. E foi tudo o que eu fiz durante aquelas noites chorosas, compridas e solitárias.

Muitos parentes meus e de Roger também fizeram visitas ao hospital. A impressão era de que a todo momento havia alguém diferente no quarto, e isso ajudava a fazer o tempo passar um pouco mais depressa. O mais louco, no entanto, é que, embora essas visitas fossem momentos festivos para mim, o mesmo não valia para os visitantes propriamente ditos. Isso porque os nossos parentes acreditavam, da mesma forma que alguns dos médicos, que não demoraria para o trauma por tudo o que eu havia atravessado me atingir de uma vez só, provocando ataques de ansiedade ou pesadelos. Alguns se mostravam preocupados com o fato de eu não ter tido uma reação emocional mais extremada até ali, e ficavam esperando que eu saísse do "estado de choque" em que supunham que me encontrava. Nenhum deles sabia do meu choro solitário todas as noites nem da transformação que eu vivera ao descobrir que Deus era mais do que uma simples palavra. E a sua preocupação chegou a tal ponto que pediram que um psiquiatra fosse conversar comigo.

— É sério, eu estou bem — fiquei repetindo para ele.

E o psiquiatra continuou me pressionando com todo tipo de pergunta, como se pudesse saber mais a meu respeito do que eu mesma. Ele chegou até a me questionar a respeito da minha infância.

Esse cara está brincando?, era o pensamento que não me saía da cabeça. Eu acabara de ser resgatada com vida de uma das experiências mais aterradoras que um ser humano poderia enfrentar, e ele queria me levar de volta aos meus tempos felizes de menina em Trinidad para descobrir por que eu não estava tendo um colapso emocional? As intenções eram boas, eu tenho que admitir. Todos os que se mostraram preocupados comigo tinham as melhores intenções. Mas aquilo que nenhum deles sabia, e que logo iriam descobrir, era que Deus em pessoa era o meu psiquiatra. Eu conversava com Ele todos os dias, diversas vezes por dia. Eu lia o Seu livro e encontrava lá tantas e tantas passagens que podia relacionar à minha vida! Eu era uma criação renovada. E tudo o que queria era poder ir para casa e iniciar a minha nova vida.

CAPÍTULO 18

Criação renovada

Eu tive alta do hospital no dia 29 de outubro. Quarenta e oito longos dias e noites haviam se passado desde que eu deixara o conforto gostoso da minha casa para ir trabalhar naquela manhã do dia 11 de setembro. Naquela manhã, quando, ao fechar a porta do apartamento cheia de energia e empolgada com o lindo dia que estava fazendo, eu jamais poderia imaginar que só voltaria a abri-la quase dois meses depois, esgotada, dolorida, vestindo um conjunto de moletom e sem dar a mínima importância para a minha aparência.

O outono já começara a dar o ar de sua graça na cidade. A temperatura girava em torno dos 15 graus, e as folhas haviam começado a cair das árvores. Foi difícil aceitar a ideia de que ainda era verão quando eu saíra de casa pela última vez. Mas, fora isso, nada mudara, na verdade. O apartamento estava limpo. Eu conseguia me movimentar bastante bem dentro dele com as minhas muletas e a minha bengala. Embora Roger tenha feito questão de tirar folga do trabalho nos primeiros dias da minha volta, logo ficou claro que a sua presença em tempo integral não iria ser necessária. Os terapeutas iam até lá diversas vezes por semana para as sessões de fisioterapia. A irmã de Roger, Camille, costumava fazer visitas frequentes para ajudar no que fosse preciso. E Roger me ligava do trabalho sempre que podia para saber como eu estava. Eu, por minha vez, não podia fazer muita coisa além de ler, assistir à televisão e fazer meus exercícios. Ocasionalmente eu recebia visitas em casa, e até mesmo o proprietário do apartamento se mostrou gentil e prestativo, ajudando sempre que possível. Durante a maior parte do tempo, entretanto, esse foi um período de calmaria e solidão. E eu me sentia grata por ser assim, porque tinha tempo para refletir sobre a minha vida, sobre todas as mudanças que haviam acontecido nela desde o 11 de Setembro e sobre as mudanças que ainda viriam, agora que eu estava me aproximando mais e mais de Deus.

Enquanto estive soterrada viva, eu havia feito a Deus a promessa solene de me transformar na pessoa que Ele queria que eu fosse, a todo custo. E essa minha promessa havia sido mais do que uma resolução vazia. Eu passara por uma transformação.

Agora, estava na hora de começar a pôr em prática aquele compromisso. Para o período da reabilitação física, eu defini três metas de curto prazo que me fariam ir adiante com a minha transformação: ser batizada, me casar de fato e localizar Paul — a primeira pessoa que havia me encontrado com vida e que merecia a minha mais absoluta gratidão.

Quando conversei com Roger sobre o meu desejo de ser batizada, ele embarcou de cabeça no projeto. E eu não queria me dar um prazo de um mês, ou de um ano, para transformá-lo em realidade. Afinal, tinha consciência de que uma das maneiras melhores e mais certas de cumprir uma promessa era torná-la prioridade absoluta na vida. Eu não iria deixar que o meu compromisso com Deus se afrouxasse.

Assim, no segundo dia depois da minha volta para casa, liguei para o Tabernáculo do Brooklyn e comuniquei a eles a minha intenção de ser batizada. Durante o verão, eu fora a um culto no tabernáculo assistir ao batismo da minha amiga Gail Fuentes. Embora não tivesse uma vida religiosa ativa na época, eu me lembrava de ter ficado impressionada com o que vira. A igreja tinha uma congregação que reunia milhares de fiéis de todas as idades e todas as raças, um coral prestigiado internacionalmente e um pastor que já estava à frente dos cultos havia quase trinta anos. Ter assistido ao batismo de Gail fora um momento muito marcante para mim, assim como testemunhar todo o apoio que ela recebera da congregação sob a forma de cânticos e orações. Tão marcante que me levou a decidir que era lá que eu queria ser batizada.

Nesse telefonema, fui informada de que teria que frequentar algumas aulas para aprender mais sobre os preceitos da Igreja e para ouvir trechos das Sagradas Escrituras relacionados ao meu batismo. E, para a minha surpresa, eles não apenas tinham um curso começando no dia seguinte como ele seria concluído a tempo de agendar a cerimônia do batismo já para a quarta-feira seguinte, dia 7 de novembro. Para quem não pretendia perder tempo, estava mais do que perfeito!

As aulas foram maravilhosas e serviram para confirmar que o batismo era realmente o que eu desejava para mim. Cada participante recebeu uma Bíblia de Estudos, e a minha eu costumo consultar até hoje. As aulas incluíam sessões de perguntas e respostas sobre as Escrituras. Nós também aprendíamos sobre a cerimônia propriamente dita, as posições que deveríamos assumir e o que aconteceria a cada etapa. A parte que me tocou mais fundo foi quando nos disseram que estaríamos lá não por nós mesmos, mas como representantes de Jesus. O foco da história toda era Ele e a nossa eterna e total dedicação a Ele. Essa ideia encontrou ressonância imediata no meu novo eu, e me deu a confirmação pessoal de que essa primeira meta que eu estabelecera havia sido a mais acertada.

Enquanto me dedicava ao curso de batismo de uma semana, eu também já havia começado a trabalhar para cumprir a segunda meta, a do casamento. O tempo que Roger passara ao meu lado no hospital servira para confirmar sem sombra de dúvida que ele era o parceiro ideal para mim. Um parceiro que não se importou quando viu a mulher atraente que havia conhecido em Trinidad transformada pelo 11 de Setembro na versão menos atraente possível de si mesma: suja, desfigurada, ferida, alquebrada. Um parceiro que havia comido a comida terrível do hospital junto comigo, assistido à televisão comigo, lido a Bíblia comigo, e me apoiado durante todo o trabalho de reabilitação. Além de ter servido para reforçar o amor que sentíamos um pelo outro, esse processo todo nos transformara em grandes amigos.

Quando chegou o momento de eu sair do hospital, a minha irmã Celia havia manifestado a vontade de que eu fosse para a casa dela na Pensilvânia, onde receberia os seus cuidados em tempo integral. Mas Roger quis que eu ficasse com ele no nosso apartamento, quis ficar responsável por tomar conta de mim — e eu desejava me entregar aos seus cuidados. Por isso era tão importante para mim que o casamento acontecesse o mais depressa possível — a minha maior vontade era ficar com Roger, só que eu não queria mais viver em pecado. Tendo nascido e crescido na fé católica, eu aprendera que o sexo fora do matrimônio era errado. Esse havia sido mais um ensinamento que com o tempo eu decidira ignorar. Mas mesmo estando afastada da Igreja Católica havia tanto tempo e agora prestes a abraçar uma fé cristã não confessional, voltar a cumpri-lo era um ponto importante para mim. Essa era uma das promessas que eu havia feito a Deus durante o tempo que passara sob os escombros, e eu estava determinada a cumpri-la.

Nenhuma dessas minhas ideias sobre casamento pegou Roger de surpresa. Nós já havíamos conversado a respeito antes do ataque às torres, e chegáramos até mesmo a falar com o pai dele sobre a possibilidade de oficializar a união. O pai lhe dera todo o apoio, e Roger desejava aquele matrimônio tanto quanto eu.

— Por que não na semana que vem? — propus, um ou dois dias depois de ter voltado para casa.

Não podia haver momento melhor que aqui e agora! Nenhum de nós dois tinha exigências muito específicas com relação ao tipo de casamento que queria. Não seria necessário preparar nada de muito elaborado. Diante do meu estado físico debilitado e da urgência que sentíamos em oficializar nossos laços, ambos nos contentamos com uma celebração a ser feita pelo juiz de paz.

— Que tal na próxima quarta-feira? — insisti. — O casamento pela manhã e o batismo à noite!

A ideia me pareceu deliciosamente fantástica, e Roger aceitou a proposta na hora.

Quando chegou o dia 7 de novembro, eu estava transbordando de felicidade. Nós nos encaminhamos para a prefeitura de Manhattan, e Corey passou por lá a caminho do trabalho para servir como testemunha. A cerimônia toda, incluindo a assinatura dos documentos necessários, levou cerca de vinte minutos. Foi um dos casamentos mais rápidos, simples e rotineiros que já existiram. Mas que teve para Roger e para mim a mesma significância, ou talvez até mais, que uma cerimônia pomposa e planejada com meses de antecedência teria. Pensar que apenas dois meses antes eu havia enfrentado a morte a algumas quadras de distância do local para onde hoje voltava com o meu amado para iniciar uma vida nova era uma constatação impressionante. Mas o melhor, pelo menos do ponto de vista espiritual, ainda estava por vir.

Depois de descansar em casa por algumas horas, Roger e eu nos encaminhamos para a igreja onde aconteceria o batismo. Diversos familiares e amigos já estavam reunidos lá para assistir à cerimônia, incluindo minha amiga Gail, a cujo batizado eu havia assistido no verão. Éramos mais ou menos dez pessoas a serem batizadas. Todos nós nos reunimos com o pastor antes de iniciar o ritual para repassar alguns últimos detalhes e reafirmar o quanto desejávamos passar por aquilo. Todos os batizandos trajavam roupas brancas, um símbolo da pureza, e seríamos levados um por um para nos apresentarmos diante da congregação e da fonte batismal. A fonte consistia basicamente em uma pequena piscina, na qual entrávamos subindo por uma escadinha e depois descendo alguns degraus do outro lado. Por conta do meu estado debilitado, dois ajudantes me carregaram para transpor os degraus e me deram ajuda para que eu caminhasse até o centro da fonte. Depois que o pastor leu um trecho das Escrituras e disse algumas outras palavras, eu fui mergulhada com a cabeça para trás. Quando voltei a emergir, ensopada, eu me sentia purificada, plena do Espírito Santo e como uma pessoa nova em folha. Essa foi a melhor sensação que eu me lembro de ter tido em toda a vida. Ela marcou um novo começo na minha trajetória, ao mesmo tempo que confirmava os compromissos que eu havia assumido com o Senhor no 11 de Setembro. Eu sentia que cada um dos meus atos levava um sorriso aos lábios de Deus, como havia muitos anos eu não fazia por Ele.

Agora, estava pronta para começar a trabalhar na minha terceira meta: encontrar Paul.

CAPÍTULO 19

Uma nova luz

Na verdade, a minha busca por Paul havia começado quando eu ainda estava no hospital. Eu obviamente não tinha condições de ir atrás dele com minhas próprias pernas, mas falei a todas as pessoas que conhecia sobre tudo o que ele havia feito e lhes pedi que ficassem de olhos e ouvidos bem abertos. Talvez o nome dele acabasse sendo mencionado na televisão de alguma forma, e assim eu teria como encontrá-lo.

Eu pensava muito no que Paul havia feito por mim e na maneira como a sua presença se revelara. Ainda conseguia sentir a força da mão dele agarrada à minha, garantindo, junto com a firmeza da sua voz, que ele não sairia do meu lado. Mas sempre havia alguns pontos da história que eu não podia compreender bem.

Por que eu não conseguira enxergar nenhuma luz depois que a minha mão atravessou o alto da pilha de escombros e foi agarrada por ele? Com a cabeça virada de lado e imprensada pelos blocos de concreto, era verdade que eu precisaria ter forçado os músculos do pescoço e os olhos para enxergar qualquer coisa, mas por que não avistara pelo menos um resquício de luz? Estávamos numa manhã de quarta-feira, com o sol brilhando no céu. Certamente havia poeira suficiente para deixar o ar embaçado, mas não escuro. Eu pensei que talvez Paul estivesse deitado de bruços quando segurou minha mão e que uma parte do corpo ou das roupas dele tivesse bloqueado a luz. Ou que talvez houvesse tantos destroços entre nós dois que a abertura só deixara espaço para as mãos se encontrarem sem dar passagem para mais nada. Mas nem um raio de luz?

Isso sem falar na estranheza da conversa.

"Eles estão quase chegando", ele repetia várias vezes.

Isso queria dizer que Paul estava vasculhando a área sozinho quando me encontrou? Mas eu achava que o trabalho de resgate fosse feito sempre em equipes... Além do mais, a que distância os outros deviam estar para ele conseguir vê-los, mas não gritar que havia me encontrado? E, sem o alerta de Paul, como eles souberam que eu estava lá? Eu não o ouvira usar um rádio nem tentar fazer contato com absolutamente ninguém. Mas podia ser que isso tivesse acontecido, e eu é que não estivesse prestando atenção.

E havia também o instante em que o bombeiro me encontrara.

"Você está vendo a luz da lanterna?", ele gritara para mim. "Não, não estou vendo nada", foi o meu grito de volta. E então Paul dissera: "Aguente firme, Genelle. Eles vão encontrar você."

Por que ele insistia em dizer que "eles" iriam me encontrar? Será que o próprio Paul não fazia parte desses "eles"? E por que eu tivera a impressão de que ele estava se comunicando comigo mas não com o bombeiro que se aproximou com a lanterna? Eu lembrava também que, logo antes de ir embora, depois que os outros já haviam me localizado, Paul dissera que eu estava em boas mãos e que deixaria que eles fizessem o seu trabalho. Mas qual seria o trabalho *dele*? E por que ele não quereria ficar para terminar um resgate que lhe daria a chance de brilhar como o herói que havia encontrado sozinho a sobrevivente?

Eram muitas interrogações girando na minha cabeça, e eu sabia que elas continuariam sem resposta até que eu conseguisse localizar aquele homem.

Durante a minha estada no hospital, eu recebera a visita de Gary Tuchman, um jornalista da CNN que vinha fazendo a cobertura dos ataques do 11 de Setembro desde o início da confusão. Concedi algumas entrevistas a ele e lhe pedi um favor: que me ajudasse a encontrar Paul. Depois que contei a Gary toda a história, ele ficou genuinamente interessado em encontrar o homem responsável por salvar a minha vida. O jornalista conseguiu localizar Rick e Brian através de suas pesquisas, e promoveu o nosso reencontro diante das câmeras para que eu pudesse agradecer aos dois. Mas Gary não conseguiu encontrar ninguém chamado Paul. E quando eu perguntei a Rick e a Brian sobre ele, os dois reagiram com expressões confusas.

— Eu não fiquei sabendo o nome de ninguém que estava conosco — explicou Rick.

Ele me contou como o resgate havia acontecido do seu ponto de vista, desde o momento em que avistara o traje do bombeiro morto e resolvera chamar um companheiro de corporação para vir resgatar o cadáver. Eu lhe disse que me lembrava desse bombeiro me encontrando, segurando minha mão e conversando comigo enquanto os outros cuidavam do resgate. E falei também que estava querendo saber mais a respeito do homem que ficara segurando a minha mão antes de o bombeiro ter chegado.

— Não havia mais ninguém lá — respondeu Rick, parecendo perplexo com a minha pergunta.

— E você sabe qual era o nome do bombeiro? — indaguei.

Nem ele nem Brian faziam ideia.

Quanto mais eu pensava em Paul e tentava imaginar quem ele poderia ser, mais confusa ia me sentindo. Eu tinha certeza de que ele estivera lá comigo. Disso, não restava nenhuma dúvida. Eu falei com ele, que segurou minha mão. E, depois que foi embora, eu devo ter repetido o seu nome um milhão de vezes para garantir que não iria esquecê-lo. Sabia de que ele ficara segurando a minha mão por um tempo que pareceu uma eternidade, até que o restante da equipe de resgate chegasse. Eu sabia que ele conversara comigo e fora me relatando o que conseguia avistar. Se o resgate não tivesse acontecido logo em seguida eu poderia pensar que Paul não passara de uma alucinação, mas o fato é que a equipe havia mesmo chegado para me resgatar exatamente como ele dissera que iria acontecer. Como era possível que ninguém mais se lembrasse de ter visto Paul? Comecei a me perguntar se ele não poderia ter sido o primeiro bombeiro a chegar. Dele as pessoas se lembravam, embora ninguém soubesse o seu nome. Parecia uma possibilidade razoável... quem sabe? Mas espere um instante: como Paul poderia ser o bombeiro se fora Rick que chamara esse bombeiro para o local em primeiro lugar? Isso provava que ele não havia chegado lá antes das outras pessoas.

Minha Nossa! Eu nunca imaginei como poderia ser difícil correr atrás de um herói...

Mas espere um instante.

Ao longo de todo o período da minha internação, e por semanas depois que já tinha ido para casa, eu reprisara sem parar as conversas que tivera com Paul na minha cabeça. Ainda assim, havia uma parte da história que ainda não tinha analisado com muita atenção — a maneira como ela havia começado. Eu me pus a pensar com afinco sobre como o encontro com ele se iniciara. Depois de ter conseguido abrir uma brecha nos escombros com um soco, eu passara a mão através da abertura para tentar remover alguns dos destroços acumulados em volta. Sem muito sucesso nessa tarefa, e já me sentindo meio cansada, mergulhei por alguns momentos numa espécie de transe parcial, o tempo todo mantendo a mão estendida pelo buraco. E em seguida fora despertada pelo barulho das sirenes e dos bipes eletrônicos. Após me dar conta de que os ruídos não eram parte de um sonho, eu começara a gritar: "Aqui embaixo! Alguém está me vendo? Por favor, me ajudem!"

E foi logo depois disso que senti a mão de Paul agarrar a minha e ouvi as palavras que depois eu descreveria como as cinco mais doces que já ouvira na vida: "Eu estou com você, Genelle."

Mas espere... Como ele sabia o meu nome? Como alguém poderia saber o meu nome àquela altura dos acontecimentos?

Nunca vou me esquecer dessas palavras. Nunca vou me esquecer do som da voz dele dizendo o meu nome. Mas, por mais estranho que possa parecer, jamais havia parado para pensar nesse detalhe desde o dia em que fora resgatada. Eu reparei que ele dissera o meu nome, mas acho que depois de ter passado um dia inteiro enterrada viva não havia espaço na minha cabeça para questionar: *Como esse homem pode me conhecer?* Só o que me interessava era que depois de todas as horas de suplício eu fora encontrada.

Também me detive para repassar a conversa com o bombeiro e recordei que ele, *sim*, havia perguntado o meu nome. E isso era mais uma prova de que o bombeiro e Paul não podiam ser a mesma pessoa. Com toda a certeza. O fato era que *tinha havido* alguém chamado Paul que ficara perto de mim, que essa pessoa chegara lá *antes* do bombeiro e dos outros e que havia permanecido no local durante um tempo depois da aproximação deles. Ainda que Rick afirmasse que não havia ninguém naquele lugar antes de o bombeiro ser chamado.

Essa nova informação — ou, melhor, essa informação antiga que eu enfim conseguira recuperar agora — ocupou o meu pensamento por dias a fio. Roger e eu tentamos achar uma resposta para o enigma, mas isso era como tentar montar um quebra-cabeça que estivesse com uma peça faltando. Por mais que fizéssemos todos os encaixes possíveis, não havia maneira de o quadro ficar completo.

Por fim, acabei admitindo que não conseguiria chegar a uma conclusão sozinha. E telefonei então para o meu pastor no Tabernáculo do Brooklyn, Jim Cymbala, na intenção de pedir a ajuda dele para decifrar o mistério. Expliquei-lhe a história inteira, do início ao fim. Depois de ouvir com atenção, o pastor parou por um instante para refletir mais profundamente a respeito.

— E quem você acha que Paul era? — indagou, por fim.

— Eu... não sei — falei, sem saber se devia ou não dizer em voz alta a palavra que não saíra nem por um minuto do meu pensamento.

— Genelle, eu vou lhe contar uma história — falou o pastor.

E começou a narrar os relatos sobre Paulo do livro bíblico dos Atos dos Apóstolos. Paulo, chamado inicialmente de Saulo, era uma pessoa detestável que odiava Jesus e estava indo para Damasco atrás dos seguidores Dele a fim de levá-los de volta para Jerusalém e persegui-los. E, quanto mais o pastor ia se aprofundando na narrativa, mais calafrios começavam a percorrer a minha espinha. Certamente a minha história não era idêntica à do apóstolo Paulo, mas havia semelhanças demais para que eu pudesse ignorá-las.

E, indo no caminho, aconteceu que, chegando perto de Damasco, subitamente o cercou um resplendor de luz do céu. E, caindo em terra, ouviu uma voz que lhe dizia: "Saulo, Saulo, por que me persegues?"

E ele disse:" Quem és, Senhor?"

E disse o Senhor: "Eu sou Jesus, a quem tu persegues. Duro é para ti recalcitrar contra os aguilhões."

E ele, tremendo e atônito, disse: "Senhor, que queres que eu faça?"

E disse-lhe o Senhor: "Levanta-te, e entra na cidade, e lá te será dito o que te convém fazer."

E os homens que iam com ele pararam espantados, ouvindo a voz mas não vendo ninguém. E Saulo levantou-se da terra, e, abrindo os olhos, não via a ninguém. E, guiando-o pela mão, o conduziram a Damasco. E esteve três dias sem ver, e não comeu nem bebeu. (Atos dos Apóstolos 9:3-9)

Nesse meio-tempo, o Senhor apareceu numa visão para um discípulo chamado Ananias pedindo-lhe que fosse procurar Saulo, porque Saulo por sua vez tivera uma visão em que um homem de nome Ananias lhe curava a visão com uma imposição de mãos. Ananias relutou em atender, pois já ouvira falar das perseguições que Saulo comandara contra os cristãos, mas acabou obedecendo às ordens do Senhor.

Partiu Ananias e entrou na casa e, impondo-lhe as mãos, disse: "Irmão Saulo, o Senhor Jesus, que te apareceu no caminho por onde vinhas, enviou-me para que tornes a ver e sejas cheio do Espírito Santo."

Logo lhe caíram dos olhos como que umas escamas, e recuperou a vista; então, levantando-se, foi batizado.

E, tendo tomado alimento, ficou fortalecido. Depois demorou-se alguns dias com os discípulos que estavam em Damasco. E logo nas sinagogas pregava a Jesus, que este era o filho de Deus. (Atos dos Apóstolos 9:17-20)

Eu fiquei chocada, para dizer o mínimo, com as semelhanças que havia entre a minha história e a de Paulo.

— Você estava pedindo um milagre a Deus, não estava?

E o pastor explicou que, em vista da situação que eu atravessara e a julgar pelo relato que ouvira da minha boca, o tal Paul, que havia segurado a minha mão debaixo da pilha de escombros talvez tivesse sido ele mesmo o milagre que eu pedira.

— Genelle — falou o pastor Jim —, é possível que Deus tenha enviado um anjo até você.

CAPÍTULO 20

Contando as bênçãos

Se eu fosse enumerar as bênçãos que recebo todos os dias, a contagem nunca chegaria ao fim.

Encerrei o ano de 2001 da melhor maneira que poderia: batizada, casada e procurando inspiração nas leituras bíblicas que fazia diariamente. Foi um desfecho maravilhoso para um período que, se não fosse por isso, poderia constar como um dos mais terríveis da minha existência. E foi também a mola mestra que me conduziria ao novo ciclo iniciado em 2002, um ano em que o meu foco principal seria a reabilitação física, a fim de passar das muletas para uma bengala e mais tarde voltar a conseguir caminhar sem nenhuma ajuda. Mas 2002 foi também o ano mais movimentado e mais significativo da minha vida.

A primeira questão com a qual tive que lidar foi o visto de permanência. Embora a minha chefe na agência de empregos temporários tivesse conseguido liberar o acesso ao seguro-saúde de alguma maneira, eu estava ciente de que continuava residindo ilegalmente no país e que, depois de encerrado o período de reabilitação, talvez fosse obrigada a voltar para Trinidad. E sabia que isso valia mesmo depois do casamento com Roger, que tinha o status de residente, e não de cidadão americano. Que peso o status dele no país teria na história toda? Honestamente,

167

eu não saberia dizer. De qualquer maneira, mesmo que o casamento me garantisse a permissão para ficar no país, isso quereria dizer que os meses anteriores à cerimônia — em que eu estava em situação irregular — seriam simplesmente apagados da memória de todas as pessoas? Eu não tinha certeza de nada, só de que estava preparada para voltar para Trinidad se isso fosse necessário. Não desejava voltar, mas o que queria acima de tudo era fazer as coisas do jeito certo.

Para minha surpresa, entretanto, as ofertas de ajuda para resolver a minha situação vieram de muitos lados. E eu acredito que isso tenha se devido a alguns fatores. O principal deles foi o trauma que eu havia enfrentado em decorrência dos ataques do 11 de Setembro. Em nenhum momento usei os ataques para buscar a compaixão de ninguém, mas tenho certeza de que a história acabou tendo uma influência sobre o processo. Outro motivo, a meu ver, é que eu nunca havia imigrado ilegalmente para os Estados Unidos. A minha primeira entrada no país fora feita com um visto legítimo. Embora eu tenha permanecido indevidamente em solo americano depois que ele expirara, acho que ganhei alguns pontos positivos por ter escolhido o caminho da legalidade em primeiro lugar.

A pessoa que me ajudou a começar a resolver a questão foi Virginia Fields, subprefeita do Distrito de Manhattan. Não faço ideia de como a Sra. Fields ficou sabendo da minha situação, mas um belo dia ela me ligou do nada para passar o número do telefone do gabinete da senadora Hillary Clinton e sugerir que eu conversasse com o pessoal de lá sobre a minha situação. Isso era mesmo sério? A senadora Clinton iria me ajudar? Roger se prontificou a fazer o contato. Nós não tínhamos muita certeza do que esperar, mas eu imaginei que só poderia ser algo de positivo. Eles já estavam sabendo da minha história quando Roger telefonou. Disseram para ele ir até lá buscar a documentação que iniciaria o processo de requerimento do meu visto de residência permanente. De início, eu não soube como reagir — as emoções me pareciam todas misturadas. Obviamente eu me sentia muito empolgada com a novidade, mas havia também uma ponta de culpa por saber que ela era o resultado de alguma coisa que acontecera comigo, e não uma consequência de eu ter seguido os procedimentos corretos. De qualquer maneira, o assunto havia sido foco das minhas orações mais fervorosas; e eu sabia que Deus já havia me concedido Seu perdão meses antes e que ficando no país eu teria grandes chances de fazer o bem — não apenas para mim mesma, mas também para Roger, que havia firmado em Nova York as raízes do seu crescimento profissional, e para Kimberly, que enfim viria para os Estados Unidos viver comigo e aproveitar as inúmeras oportunidades que o país tinha a oferecer. Com os documentos preenchidos, eu me encaminhei para o escritório do Departamento de Imigração para ser entrevistada e, pouco depois, tornei-me uma residente legal dos Estados Unidos. E me sinto muito grata pela bondade de todos os que contribuíram para que isso acontecesse. Como com todas as outras promessas que fiz a Deus, eu me empenhei ao máximo para aproveitar todas as chances que recebi para que essa fosse cumprida.

Ainda na primavera de 2002, fui uma das dezenas de pessoas que tiveram a felicidade de ser condecoradas com a Medalha Civil de Honra ao Mérito da Autoridade Portuária, uma premiação pela "coragem, empenho e fé" que eu demonstrara para sobreviver. O meu merecimento não chegava aos pés do de pessoas como Pasquale, que também recebeu a medalha, mas me senti honrada pelo reconhecimento. A maior honra, entretanto, veio depois da entrega da medalha, quando me disseram que haveria uma vaga à minha espera na Autoridade Portuária depois que o período de reabilitação terminasse. Eles cumpriram a promessa: em 2003, voltei ao trabalho num cargo permanente para fazer basicamente a mesma coisa que fazia no posto conseguido pela agência de empregos temporários antes dos ataques. E tenho a alegria de dizer que não só continuo trabalhando na Autoridade Portuária até hoje como já conquistei algumas promoções ao longo destes anos.

À medida que o verão ia chegando, dois grandes acontecimentos marcaram a minha vida. O primeiro deles foi no dia 13 de julho, quando

Roger e eu nos casamos pela segunda vez. A reafirmação dos votos não estava nos nossos planos, mas quando as equipes do programa da rede CBS *The Early Show* e da revista *Brides* souberam da minha história elas quiseram fazer uma enorme festa de casamento para ser mostrada ao país inteiro. Eu fiquei surpresa com a sugestão — e muito empolgada também. Eles tomaram conta de todos os mínimos detalhes, chegando inclusive a providenciar o transporte para que alguns dos nossos familiares e amigos comparecessem ao evento. Roger e eu concedemos diversas entrevistas para a televisão nas semanas que antecederam o casamento, e ganhamos uma estada na suíte de lua de mel da Trump Tower Manhattan. Aquilo tudo pareceu meio fora da realidade para nós, mas tratamos de aproveitar cada instante.

A maré de boas notícias continuou firme depois da festa de casamento, quando Kimberly chegou aos Estados Unidos para ficar morando conosco definitivamente. Eu havia discutido bastante o assunto com Elvis nos meses anteriores, e o nosso acordo foi deixar que ela própria tomasse a decisão final. Embora estivesse apenas com 13 anos, a nossa filha era uma jovem muito madura, e tanto eu quanto o pai queríamos que ela pudesse ter as melhores oportunidades para iniciar a sua vida. Kimberly decidiu então vir morar comigo, principalmente porque havia chegado a uma idade em que toda menina precisa de uma orientação feminina e de um modelo de comportamento em que possa se espelhar. Foi muito difícil para Elvis se despedir e para Kimberly ficar longe do pai, mas ele queria o melhor para a filha e compreendeu a decisão. Os dois continuam mantendo um relacionamento bem próximo, e ela faz questão de viajar a Trinidad pelo menos uma vez por ano para visitá-lo.

A última grande notícia, para fechar esse ano com chave de ouro, foi que eu me descobri grávida. Considerando a previsão feita por uma enfermeira no outono anterior de que eu não poderia mais ter filhos, essa foi uma conquista e tanto. Assim, embora eu já fosse uma mulher de 31 anos com uma filha adolescente (e embora Roger já tivesse um filho de 11 anos do seu casamento anterior, Kadeem, que também estava morando conosco), nós dois ficamos muito felizes por saber que o primeiro filho que teríamos juntos estava a caminho. Kaydi nasceu em 2003, e nós fomos abençoados novamente em 2005 com a chegada de mais uma menina, Kellie.

Naquele ano eu ainda passei boa parte do tempo envolvida com atividades na minha igreja, com o trabalho voluntário em diversos grupos mantidos por eles, e por fim acabei me inscrevendo como voluntária na Cruz Vermelha. Considerando tudo o que a Igreja e a Cruz Vermelha haviam feito por mim, esse era o mínimo que eu poderia fazer para tentar retribuir.

Em todos os aspectos, 2002 foi um ano extraordinário, um período que alavancou as mudanças de vida que eu prometera a Deus que faria. Eu havia recebido tantas alegrias desde o 11 de Setembro — deste país e dos numerosos desconhecidos e amigos que foram aparecendo ao longo do caminho — que ainda não sei como serei capaz de retribuir a todos eles. Gostaria de poder conhecer cada responsável pelo resgate, cada médico, cada enfermeiro e todas as outras pessoas que tiveram uma participação no fato de eu estar viva até hoje para dizer pessoalmente "obrigada" a cada um deles. E a única outra maneira que existe de agradecer-lhes como merecem é levando uma vida que seja motivo de orgulho para Deus e, em vez de guardar minha história, partilhá-la de todas as maneiras para que ela sirva de orientação e fonte de esperança. Foram tantas as pessoas que me serviram de inspiração desde o 11 de Setembro que eu espero poder retribuir agora, fazendo a mesma coisa pelos outros.

CAPÍTULO 21

Histórias do 11 de Setembro

Nos dias que se seguiram ao 11 de Setembro, ninguém conseguiu manter distância da tragédia. Não importava que você fosse alguém que vivenciou diretamente os acontecimentos, como eu, ou que estivesse morando do outro lado do país e sem nenhuma ligação com o World Trade Center fora a nacionalidade americana, a notícia do ataque passou a ocupar cada minuto da vida de todos. Em reportagens investigativas, jornalistas tentavam reunir as peças do quebra-cabeça para chegar à identidade dos responsáveis pelos ataques terroristas, apurar como eles haviam agido, quanto tempo levaram nos planejamentos e qual seria a sua missão final. Em matérias de cortar o coração, eram ouvidos os depoimentos de viúvos, viúvas e filhos dos mortos nos ataques que agora tinham que tocar em frente suas vidas sem a companhia dos entes queridos. E havia ainda a divulgação das histórias dos verdadeiros heróis, que ajudaram a salvar vidas muitas vezes sacrificando as suas próprias no processo.

Nos primeiros dias da minha estada no hospital, não tive ânimo para ligar a televisão. Algumas das visitas que recebi foram me passando detalhes sobre os ataques, até que eu reuni coragem para ligar o aparelho e ver os noticiários com meus próprios olhos. E não tenho palavras para descrever como foi difícil reviver todos os momentos do que eu havia passado. No princípio, eu via as cenas sem entender quase nada. Um grupo terrorista do Oriente Médio fora o responsável por tudo? Eles haviam atacado a Autoridade Portuária de Nova York e Nova Jersey? Numa manhã de terça-feira? E haviam se matado durante esse ataque? Intencionalmente? Ver as imagens do estrago físico e psicológico através dos diversos ângulos mostrados pela televisão era doloroso. Mas eu sentia a necessidade de continuar assistindo, pois, fora a curta reportagem ao vivo a que assistira na sala de reuniões quando ainda estava dentro do prédio, eu não vira mais nada a respeito do que acontecera de fato ou por quê. Não tivera nem mesmo a confirmação de que não fora um desastre acidental. Assim, eu assistia a todas as reportagens, por mais dolorido que fosse fazer isso, e tentava processar as informações: quatro aviões de passageiros sequestrados em cidades diferentes praticamente à mesma hora — um para atingir o Pentágono, outro que cairia num campo na Pensilvânia e os dois últimos que viriam a se chocar contra as Torres Gêmeas.

Contando com as pessoas a bordo desses aviões, as que estavam no Pentágono e todos os que haviam sido atingidos dentro do World Trade Center e nas imediações, mais de três mil pessoas morreram. Centenas de outras que acorreram ao local dos ataques como voluntários viriam a morrer anos mais tarde por conta das toxinas a que foram expostas nos esforços de resgate.

Meu cérebro precisou de um tempo para absorver tudo isso. Eu compreendia o que havia acontecido, mas tentar me colocar no meio de todos aqueles eventos parecia surreal demais. Eu sabia que estivera lá. Tinha as cicatrizes físicas e mentais que comprovavam isso. Mas pensar que na manhã do mesmo dia eu estava na minha casa pensando apenas em Roger, na viagem de férias que faria para Miami e em chegar logo ao trabalho, e que horas mais tarde me transformei em uma das vítimas do maior atentado já ocorrido em solo americano era para mim uma coisa incompreensível.

Muito pouca gente não saberia dizer onde estava e o que estava fazendo quando recebeu a notícia do ataque. Desde o princípio todos tinham alguma história para contar, fosse como vítima direta, parente de alguma vítima, voluntário dos resgates, testemunha ocular ou simplesmente alguém mergulhado na sua rotina comum quando viu o desenrolar dos acontecimentos pela televisão. Mas as histórias que mais me tocaram foram as que li nos documentos da Autoridade Portuária publicados na internet alguns anos depois do ataque, às quais provavelmente muito pouca gente de fora da instituição teve acesso. São relatos colhidos nos meses posteriores de pessoas que estavam no centro da devastação enquanto ela acontecia, tais como policiais e gente presa nas torres. Outros textos que me comoveram foram as transcrições, também publicadas pela Autoridade Portuária na internet, da avalanche de telefonemas recebidos pela sua polícia interna durante os ataques. Muitas se estendem por várias páginas. Aqui, eu inseri trechos curtos retirados dessas transcrições e que podem oferecer uma perspectiva diferente dos acontecimentos. Eles retratam o calor das circunstâncias, as emoções que as pessoas vivenciaram ao tentar escapar do horror, tentar salvar outros ou simplesmente tentar fazer o seu trabalho — e são todos marcados pelo ritmo frenético e pelo pouco conhecimento do alcance real da tragédia. Os trechos que escolhi foram aqueles com os quais me identifiquei de alguma forma — não por ter sido também alguém que estava no meio da tragédia, mas por um tipo de identificação mais profunda e mais pessoal. Esses relatos também me ajudaram a compreender ainda melhor o inferno pelo qual as pessoas passaram dentro e nos arredores das Torres, e os sacrifícios que foram feitos naquele dia.

Escrito no dia 12 de dezembro de 2001 por um funcionário da Autoridade Portuária que trabalhava na Torre Norte:

Eu tive que ajudar a senhora mais velha a passar por cima das diversas pilhas de escombros enquanto tentávamos atravessar as portas giratórias na saída que dava para a West Street. Quando chegamos à saída, a senhora estacou, gritando: "Ajude aquelas pessoas! Eu não posso ir embora sem ajudá-los!" Olhando para baixo, vi que o acesso de veículos estava forrado de corpos. Eu disse a ela que não havia mais o que fazer por aquela gente, e que tínhamos que ir em frente. Mas ela não se mexia. Outro rapaz desconhecido que havia descido as escadas conosco começou a puxá-la pelos braços enquanto eu empurrava suas costas. Sem resultado. Até que, por fim, ela se pôs a andar.

Esses homens que ajudaram a puxar e a empurrar a senhora mais velha para salvá-la me fizeram lembrar de pessoas como Joe, Pat, Pasquale, Steve e outros colegas do meu andar, que fizeram tudo o que estava ao seu alcance para ajudar os demais. E a senhora também era como eles, visto que se recusava a deixar para trás as pessoas que estavam caídas no chão e que não podiam fazer nada por si mesmas. Havia desamparo por todos os lados, e mesmo assim todos os que conseguiram arrumar um fio de esperança em que se agarrar fizeram isso. Houve tantos heróis naquele dia! Eu acho que histórias relativamente desconhecidas como essa são a prova de que nós jamais saberemos exatamente quantos heróis tivemos nas torres.

Escrito em 5 de março de 2002 por um membro da polícia interna da Autoridade Portuária:

Eu corri para o norte pela Church Street, tentando respirar no meio da poeira espessa, sem saber quantas quadras já havia percorrido até que virei para leste numa transversal desconhecida. Uma mulher à porta de um prédio me perguntou: "Está tudo bem? Você precisa de água?" Eu disse que precisava de um telefone. Que tinha que ligar para minha esposa para avisar que estava tudo bem comigo. Que sabia que ela devia estar assistindo a tudo pela televisão. E a mulher falou: "Entre, pode usar o meu telefone." Ao entrar, me dei conta de que ali funcionava uma creche, porque vi umas 14 ou 15 crianças. Então disse à mulher que ela precisava sair imediatamente. "PEGUE AS CRIANÇAS E SAIA DAQUI AGORA, FUJA PARA O NORTE ATÉ CHEGAR À PONTE GEORGE WASHINGTON." Ela começou a pegar as crianças na mesma hora. Tentei telefonar para casa, mas as linhas telefônicas estavam mudas.

Todos os dias, ao olhar para Kaydi e Kellie, eu me recordo do 11 de Setembro. Essas crianças são preciosas para mim e para Roger, pois nós dois sabemos que elas não estariam aqui se eu tivesse morrido no ataque. E em todos os momentos em que eles não podem estar conosco, como quando vão para a escola, os meus filhos são entregues nas mãos de pessoas que esperamos que sejam capazes de fazer o que for necessário para protegê-los e zelar por suas vidas e as das outras crianças que tiverem sob a sua responsabilidade. Ler sobre o que esse policial fez reafirmou para mim a bondade fundamental que há no coração das pessoas. Quem pode saber quantas pessoas ele ajudou a salvar antes de se sentir impelido a fugir para proteger a própria vida? E então, mesmo quando estava escapando, o que ele fez quando teve a oportunidade de ligar para a esposa e avisar que estava bem? Ele mais uma vez pensou nos outros, ao olhar para os rostinhos daquelas crianças. E a professora, sem hesitar, seguiu as suas ordens. É esse tipo de gente que nós queremos que tome conta dos nossos filhos quando não pudermos estar perto deles.

Escrito em 8 de março de 2002 por um membro da polícia interna da Autoridade Portuária:

Eu me lembro de ter visto os edifícios em chamas e ter ouvido o sargento Kohlmann gritando quando o desabamento aconteceu; no entanto, não tenho nenhuma memória visual do momento do colapso em si (eu provavelmente estava olhando para tudo, mas a imagem de alguma maneira foi apagada da minha mente).

Eu achei esse trecho fascinante porque, depois dos ataques, quando Pasquale e eu concedemos diversas entrevistas separadas, observei que nas suas declarações ele afirmava que nós estávamos no 22º andar quando o desabamento começou, enquanto eu sempre afirmei que era o patamar do 13º. Fiquei confusa quando li a declaração dele. Ele ficou confuso ao ler a minha. Como era possível que duas pessoas, ambas aparentemente em seu juízo perfeito e caminhando uma exatamente atrás da outra, tivessem recordações tão díspares a respeito de um dado assim? Até hoje, eu tenho certeza de que nós dois continuaríamos sem chegar a um acordo sobre qual era o andar. Isso, no fim, não tem a menor importância, mas a maneira como a mente humana é capaz de funcionar em determinadas circunstâncias é algo que não deixa de me provocar fascinação.

Escrito em 1º de novembro de 2001 por um membro da polícia interna da Autoridade Portuária:

Eu comecei a correr para o norte, descendo a West Street. Havia pessoas fugindo em todas as direções. Duas mulheres tropeçaram no meio-fio e foram parar no chão; e acabaram sendo pisoteadas pelas outras que tentavam escapar do desabamento.

A mim só resta rezar para que alguém enfim tenha resolvido parar para ajudar essas mulheres, ou que elas próprias tenham conseguido se levantar e escapar. Ler esse relato amplificou a dimensão do terror que tomou conta do complexo de edifícios, porque essa de maneira nenhuma era a perspectiva que eu tinha de dentro da torre. Quanto tempo será que nós ainda permanecemos lá depois da batida do avião? Cerca de uma hora e 15 minutos se passaram só até o momento em que enfim tomamos a decisão de ir embora. Desde o primeiro momento, não vimos nenhuma onda forte de pânico no nosso andar, e até o fim não tivemos a correria enlouquecida que foi vista do lado de fora.

Escrito em 28 de novembro de 2001 por um membro da polícia interna da Autoridade Portuária:

Assim que entramos na cidade, a primeira coisa que chamou a atenção foi a camada de 30 centímetros de cinzas que forrava o chão. Quadra após quadra, viam-se equipamentos dos bombeiros espalhados, com os soldados recostados contra as fachadas das lojas enquanto os companheiros tentavam ajudá-los.

Consigo visualizar essa cena como se fosse uma pintura — uma fileira de bombeiros sem o capacete e equipamento, o rosto crispado de agonia e salpicados de hematomas e arranhões, o suor escorrendo pelo corpo e uma vontade desesperada de voltar logo para dentro das torres a fim de continuar ajudando as vítimas, porque esse é o trabalho deles e é a sua vocação máxima como seres humanos. O relato me fez lembrar do bombeiro que Rick encontrou preso sob o meu corpo. Mesmo na morte, a sua presença ajudou a salvar minha vida.

Transcrição de uma conversa telefônica entre um homem chamado Greg, da NBC News, e um sargento da polícia da Autoridade Portuária:

POLICIAL: *Sargento Murriano.*

GREG: *Sargento, aqui fala Greg, da NBC News. Eu preciso pôr alguém no ar, via telefone, para que possa tentar nos contar o que está acontecendo. O senhor nos ajudaria?*

POLICIAL: *E como nós poderíamos saber? O que eu estou vendo aqui é a mesma coisa que você vê na televisão.*

GREG: *E o senhor pode me contar o que sabe?*

POLICIAL: *Eu ainda não sei de nada.*

GREG: *Pode nos dizer o que está vendo?*

POLICIAL: *Mas vocês... vocês não têm uma TV?*

GREG: *Eu tenho uma...*

POLICIAL: *Parece que há um buraco enorme no alto da Torre Um.*

GREG: *E não há ninguém que possa entrar ao vivo pelo telefone?*

POLICIAL: *Ainda é cedo para isso.*

GREG: *Em quanto tempo poderíamos tentar obter um depoimento? Diga o que... Por favor, me informe como...*

POLICIAL: *É melhor você ligar para o nosso pessoal de relações públicas...*

Todo mundo tem que enfrentar algum estresse no trabalho, mas para mim este relato é um exemplo maravilhoso de duas pessoas tentando fazer o que são pagas para fazer, e se esforçando também para manter a cortesia uma com a outra, em uma das situações de trabalho mais estressantes que podem ter existido. O sargento está procurando ser gentil e ao mesmo tempo fala com o jornalista com uma sinceridade sem rodeios. Ele não poderia ter descrito de maneira mais direta a situação. O jornalista, também com gentileza, tenta espremer qualquer informação que conseguir para relatar os acontecimentos ao mundo da maneira mais detalhada possível. Além da ajuda das equipes de resgate, nós temos que reconhecer o trabalho realizado naquele dia por inúmeros indivíduos como esses dois, especialmente considerando a maneira repentina como tudo aconteceu e as consequências devastadoras que o ataque provocou.

Transcrição de uma conversa telefônica entre um homem na ponte George Washington e um membro da polícia interna da Autoridade Portuária:

POLICIAL: *Polícia da Autoridade Portuária, oficial Maggett.*

HOMEM: *Alô, Maggett, aqui fala Faracia, da ponte George Washington.*

POLICIAL: *O senhor pode repetir o seu nome?*

HOMEM: *Faracia, falando da ponte George Washington.*

POLICIAL: *Aham.*

HOMEM: *Angelo, como estão as coisas?*

POLICIAL: *Tudo certo, meu irmão.*

HOMEM: *O que foi que aconteceu por aí?*

POLICIAL: *Bem, ainda não sabemos se foi um avião que bateu no prédio ou uma explosão.*

HOMEM: *E tem alguém ferido?*

POLICIAL: *Muita gente simplesmente... Não temos confirmação ainda, mas há informações de uma ou... De alguns casos de morte ao chegar ao hospital.*

HOMEM: *Meu Deus! De qual dos edifícios?*

POLICIAL: *Foi na Torre Um.*

HOMEM: *Entendido. Obrigado..*

Uma ou algumas mortes — talvez. Por mais que eu já tenha lido este relato, sempre acho inacreditável pensar que essa tenha sido a primeira impressão das pessoas sobre o acontecido. Ainda assim, ele mostra o quão desinformados todos nós estávamos no início. Porque foi exatamente o que eu e os meus colegas de andar chegamos a pensar também. Teria sido uma explosão? Um avião? Um avião pequeno? E foi esse pensamento que fez com que gente como eu demorasse a resolver sair do prédio.

As transcrições a seguir são de três conversas telefônicas que uma mulher chamada Christine, funcionária do Windows on The World (uma praça de alimentação que ocupava o 106º e 107º andares da Torre Norte), teve com um membro da polícia interna da Autoridade Portuária:

POLICIAL: *Polícia da Autoridade Portuária, Murray.*

CHRISTINE: *Oi, aqui fala Christine, do Windows no 107º andar. Nós continuamos aguardando instruções. Temos clientes conosco aqui em cima.*

POLICIAL: *Quantas pessoas estão aí... aí em cima, aproximadamente?*

CHRISTINE: *Temos cerca de 75 a cem pessoas.*

POLICIAL: *Setenta e cinco a cem, e vocês estão no 106 ou 107?*

CHRISTINE: *Um-zero-seis. O um-zero-sete está impossível. A fumaça lá...*

POLICIAL: *Nós... Nós estamos enviando policiais e soldados dos bombeiros imediatamente. Faremos a evacuação o mais breve possível.*

CHRISTINE: *Mas nós... No momento, precisamos encontrar um local no 106º onde a fumaça não esteja tão espessa. Você pode nos passar instruções para isso?*

POLICIAL: *Entendido. Enviaremos uma pessoa até aí assim que pudermos. Se alguém conseguir chegar até as escadas, isso será ótimo. Nós vamos enviar alguém...*

CHRISTINE: *Não vai ser possível. As escadas estão...*

POLICIAL: *Muito bem, nós enviaremos... Nós enviaremos alguém até aí assim que pudermos.*

CHRISTINE: *Qual o tempo de chegada estimado?*

POLICIAL: *Eu... Senhora, eu preciso checar pelo rádio. Será o quanto antes. Assim que for humanamente possível.*

CHRISTINE: Desliga.

Cerca de cinco minutos mais tarde:

POLICIAL: *Polícia da Autoridade Portuária, Murray.*

CHRISTINE: *Oi, aqui é Christine outra vez, do Windows on the World.*

POLICIAL: *Certo, senhora, enviaremos assim que possível. Eu já notifiquei todos que poderiam ser notificados da sua situação.*

CHRISTINE: Desliga.

Cerca de quatro minutos mais tarde:

POLICIAL: *Polícia da Autoridade Portuária, Murray.*

CHRISTINE: *Olá, aqui é Christine outra vez, falando do Windows on The World no 106º andar. A situação aqui no 106 está piorando rapidamente.*

POLICIAL (para pessoas ao fundo): *É a quarta ligação do Windows on the World. A situação está piorando lá em cima.*

CHRISTINE: *Nós... nós temos... o nível do ar puro está baixando muito depressa! Não é exagero meu.*

POLICIAL: *Er... senhora, eu sei que não é exagero. Nós estamos recebendo muitas ligações como a sua. Enviaremos alguém do Corpo de Bombeiros assim que for possível. O registro está aqui: Christine, quatro chamadas, 75 a cem pessoas, Windows on the World, 106º andar.*

CHRISTINE: *Como nós vamos fazer para respirar?*

POLICIAL: *Senhora, o Corpo de Bombeiros...*

CHRISTINE: *Podemos quebrar uma das janelas?*

POLICIAL: *Podem fazer o que for possível para conseguir... mais ar.*

CHRISTINE: *Está bem.*

E essa foi a última ligação de Christine que eu pude encontrar. Os textos dos telefonemas feitos por ela, a meu ver, são o resumo de toda a tristeza, do desespero e desamparo que tantas pessoas sentiram naquele dia. Ali está Christine, a líder e heroína de um grupo com cerca de cem pessoas, tentando conseguir ajuda e encontrar soluções para escapar da nuvem sufocante de terror que os ameaçava cada vez mais minuto a minuto. E ali está o policial, recebendo sem parar telefonemas de gente histérica e tentando encontrar as soluções pelas quais os indivíduos anseiam no meio de uma situação completamente fora do controle de qualquer um, inclusive dele próprio. Essas transcrições são um lembrete doloroso daquilo que milhares de pessoas tiveram que enfrentar naquele dia, e que muitas continuam sendo obrigadas a reviver até hoje por causa das sequelas dos traumas que sofreram ou do vazio deixado pela perda de seus entes queridos. E aí está a grande razão pela qual eu preciso continuar indagando "Por que eu?" sem jamais parar, até que encontre todas as respostas.

CAPÍTULO 22

Por que eu?

Durante a minha estada no hospital, e nos primeiros meses depois da
volta para casa, o que as pessoas de fora mais notavam ao olhar para
mim eram os desafios físicos que eu estava enfrentando. Entretanto, na
minha própria visão, o dilema mais difícil de lidar era a questão que
o psiquiatra nunca chegou a levantar e que se repetia cada vez mais
intensamente na minha cabeça com o passar dos dias:

Por que eu?

Ela havia começado a me perturbar depois da visita dos familiares
de Rosa no hospital, foi ganhando força à medida que eu ficava sabendo
sobre todos os que haviam perdido a vida na tragédia e tornou-se ines-
capável pouco depois da alta hospitalar, quando recebi um telefonema
inesperado da mãe de Susan.

Susan tinha um relacionamento muito próximo com a mãe, as duas
inclusive dividiam o mesmo apartamento para que a minha amiga
pudesse tomar conta dela. Quando a mãe me ligou e disse quem era,
eu quase derrubei o telefone da mão de tão espantada que fiquei. Ela
contou que hesitou muito antes de tomar a decisão de telefonar, e, do
meu lado, o grande desconforto veio da onda de culpa de sobrevivente
que se instalou com força total nessa hora. Eu estava viva, e a filha dela

não. Por quê? Como isso podia ser justo? Se puséssemos lado a lado os resumos da vida de Susan e da minha, o dela certamente ofuscaria o meu. Por que eu ainda estava aqui e ela não? Eu não fazia ideia do motivo, e essa questão me perturbava.

De início, fiquei sem ter a menor ideia do que dizer à mãe de Susan ao telefone. Comecei a fazer silenciosamente uma prece para que Deus me iluminasse com as palavras certas para dizer àquela mãe ainda de luto. Ele me atendeu, e nós duas conseguimos ter uma conversa agradável e muito significativa. O que ela queria, mais do que qualquer outra coisa, era saber mais sobre os últimos momentos de vida da filha. Fiz um relato com o enfoque mais positivo que consegui, contando como a filha dela tinha sido forte diante de tudo o que aconteceu. Não deixei de incluir no relato as palavras de encorajamento e o forte abraço que Susan me deu quando eu tive um baque logo antes de começarmos a descer as escadas. Eu conseguia sentir o alívio da mãe à medida que ia falando, e sei que minhas palavras ajudaram a lhe dar a tranquilidade que ela estava buscando para encerrar a sua história com a filha. Mas, ao desligar o telefone, fiquei sentada sozinha no escuro, pensando sem parar na minha velha questão: *Por que eu?*

Fui ensinada a acreditar que todas as coisas acontecem por algum motivo. Houve uma razão para nós termos começado a descer a escada no momento em que começamos, e não antes. Houve uma razão para eu ter ficado soterrada viva nos escombros. Houve uma razão para algumas das pessoas que estavam nas torres terem escapado ilesas. Houve uma razão para algumas terem morrido na tragédia. E, na minha crença, é Deus que está por trás de todas essas razões. O que é difícil para nós aceitarmos, como seres humanos que somos, e que me foi difícil de aceitar depois do resgate, é que nem sempre percebemos o motivo para as coisas acontecerem no momento em que elas acontecem. Às vezes nós levamos dias, semanas, meses, anos ou até uma vida inteira para conseguir as respostas pelas quais ansiamos. Às vezes nós morremos sem saber, mas com a perspectiva de talvez descobri-las na outra vida. No meu caso, posso dizer que continuo em busca da minha resposta.

Eu penso nessa questão todos os dias, e tenho certeza de que vou continuar pensando. O momento mais tranquilo da minha rotina diária é quando vou dirigindo até o trabalho pela manhã, e costumo usar esse tempo do trajeto para tentar ouvir as possíveis respostas. Ponho música gospel para tocar, converso com Deus como se Ele estivesse sentado no banco do carona, e fico observando tudo e todos à minha volta em busca de sinais.

De tempos em tempos, recebo telefonemas de pastores de outras igrejas me convidando para ir falar sobre a minha experiência. Ter oportunidades de compartilhar a minha história é uma parte do caminho para achar a resposta para esse "Por que eu?". Ter sido uma sobrevivente naquele dia foi algo que me transformou, e relatar essa história a outras pessoas vem ajudando-as a conduzir melhor a vida, a serem pais melhores, amigos melhores, filhos melhores. Eu sei disso porque é o que muitos vêm me contar depois das minhas palestras. Por outro lado, Deus poderia ter escolhido para essa missão qualquer um dos inocentes que pereceram no dia dos ataques.

Também já me perguntei se não há algo que eu precise fazer junto com os familiares de alguma das vítimas, uma coisa que vá ajudar a transformar o mundo num lugar melhor. Ou se talvez não teria a ver com as minhas filhas. Roger e eu tivemos duas meninas lindas depois do 11 de Setembro, Kaydi e Kellie. Se eu não tivesse sobrevivido naquele dia, as duas não existiriam... e pode ser que a resposta tenha a ver com alguma coisa que elas vão fazer daqui a vinte ou trinta anos e que vai mudar o mundo. Não sei. Gostaria de poder saber. Mas só o que me resta fazer é ter fé... e nunca parar de procurar a resposta.

Eu acredito que continuar repetindo a pergunta, e buscando maneiras de respondê-la, é uma responsabilidade que terei pelo resto da vida. Sou a responsável por perguntar em nome de todos aqueles que morreram — de Rosa, de Susan, de Pat, do homem com o sotaque russo, de Steve, de todos os que estavam dentro das torres do World Trade Center, e também dos que estavam no Pentágono e na Pensilvânia. Sou a responsável por perguntar em nome daqueles que perderam seus entes queridos, e daqueles que viram suas esperanças morrerem naquele dia. As vítimas do 11 de Setembro são incontáveis. Eu fui uma delas. Mas também sou uma sobrevivente. E não sei por quê.

Tenho consciência de que essa pergunta — e a resposta para ela — não tem a ver só comigo. Essa é a única parte do "Por que eu?" que consigo compreender. Existe um quadro maior. Um plano. Eu sou uma parte desse plano, uma parte ínfima, mas o plano não tem a ver comigo. De alguma maneira, ele tem a ver diretamente com Deus.

Um colega de trabalho costumava me perguntar sempre: "Por que Deus salvou você e não os outros? Por que Deus permitiu que tantas pessoas inocentes fossem mortas?" E eu sempre lhe dava a mesma resposta: "Não faço ideia." Ter sido uma sobrevivente não faz de mim uma especialista em entender os desígnios de Deus. A vida é tão imprevisível e inexplicável justamente porque nenhum de nós sabe quais são os planos Dele. Só o que eu posso fazer é depositar minha total confiança no Senhor e no fato de que existe um motivo importante para eu continuar viva até hoje. E preciso continuar levando a vida que sei que Ele quer que eu leve, mantendo os meus olhos e ouvidos bem abertos e acreditando que um dia vou, enfim, compreender esse motivo.

CAPÍTULO 23

Lições aprendidas

Toda experiência de vida guarda um ensinamento para nós, desde a infância até a vida adulta, e aquilo que eu vier a aprender hoje pode não ser necessariamente uma novidade para mim. Houve alguns aprendizados que tive na infância e mais tarde acabei esquecendo, ou que nunca coloquei em prática, mas voltei a aprender outra vez com alguma experiência da vida adulta. Por exemplo: quando me ensinaram a rezar quando criança eu nunca prestei muita atenção, até voltar a aprender a rezar outra vez quando estava com 30 anos. Enquanto mantivermos nossas mentes abertas a todas as situações, sempre haverá algum conhecimento para ser colhido a partir delas.

As lições que aprendi nas horas em que passei soterrada viva, e nos meses que vieram em seguida, foram infinitas. Ensinamentos físicos, mentais e também espirituais. Aprendi demais a respeito de mim mesma — daquilo que sou e não sou capaz de fazer. E aprendi sobre os outros também, sobre coisas que vão desde a capacidade dos terroristas para fazer o mal até o heroísmo de inúmeros desconhecidos que eu nunca vou chegar a saber quem são. E aprendi a respeito de Deus, e do poder que Ele tem sobre as nossas vidas cotidianas.

Muitas das lições que vou apresentar aqui talvez possam soar familiares. Pode ser que pareçam, sob muitos aspectos, um mero lugar-comum. Posso dizer que tive essa mesma sensação sobre elas no momento em que estava escrevendo. De já ter ouvido e/ou aprendido a maioria delas antes. Mas eu também sei que havia muitos anos que não parava para meditar sobre cada uma dessas lições. E que, depois que procurei tomar mais consciência delas e comecei a tentar segui-las em meu coração, a minha vida e o meu espírito se engrandeceram de forma exponencial.

Jamais perca a esperança

Não importando se você é ou não cristão, ou se acredita ou não num poder maior, é provável que já tenha ouvido falar na parábola do filho pródigo. Ela é uma das histórias mais famosas que existem a respeito da esperança. A narrativa não é muito longa, mas, para o caso de você não ter ouvido ou nunca ter tido a chance de ouvir o texto completo, eu o transcrevo aqui:

Certo homem tinha dois filhos. O mais moço deles disse ao pai: "Pai, dá-me a parte dos bens que me toca." Repartiu-lhes, pois, os seus haveres. Poucos dias depois, o filho mais moço, ajuntando tudo, partiu para um país distante, e ali desperdiçou os seus bens, vivendo dissolutamente. E, havendo ele dissipado tudo, houve naquela terra uma grande fome, e começou a passar necessidades. Então foi encontrar-se a um dos cidadãos daquele país, o qual o mandou para os seus campos a apascentar porcos. E desejava encher o estômago com as alfarrobas que os porcos comiam; e ninguém lhe dava nada.

Caindo, porém, em si, disse: "Quantos empregados de meu pai têm abundância de pão, e eu aqui pereço de fome! Levantar-me-ei, irei ter com meu pai e dir-lhe-ei: 'Pai, pequei contra o céu e diante de ti; já não sou digno de ser chamado teu filho; trata-me como um dos teus empregados.'" Levantou-se, pois, e foi para seu pai. Estando ele ainda longe, seu pai o viu, encheu-se de compaixão e, correndo, lançou-se-lhe ao pescoço e o beijou. Disse-lhe o filho: "Pai, pequei conta o céu e diante de ti; já não sou digno de ser chamado teu filho."

Mas o pai disse aos seus servos: "Trazei depressa a melhor roupa, e vesti-lha, e ponde-lhe um anel no dedo e alparcas nos pés; trazei também o bezerro cevado e matai-o; comamos, e regozijemo-nos."

Ora, o seu filho mais velho estava no campo; e quando voltava, ao aproximar-se de casa, ouviu a música e as danças; e chegando um dos servos, perguntou-lhe que era aquilo. Respondeu-lhe este: "Chegou teu irmão; e teu pai matou o bezerro cevado, porque o recebeu são e salvo."

Mas ele se indignou e não queria entrar. Saiu então o pai e instava com ele. Ele, porém, respondeu ao pai: "Eis que há tantos anos te sirvo, e nunca transgredi um mandamento teu; contudo nunca me deste um cabrito para eu me regozijar com meus amigos; vindo, porém, este teu filho, que desperdiçou os teus bens com as meretrizes, mataste-lhe o bezerro cevado."

Replicou-lhe o pai: "Filho, tu sempre estás comigo, e tudo o que é meu é teu; era justo, porém, regozijarmo-nos e alegrarmo-nos, porque este teu irmão estava morto, e reviveu; tinha-se perdido, e foi achado."
(Lucas, 15:11-32)

Seria fácil para o filho pródigo ter perdido a esperança de que o pai ao menos permitisse a sua volta para casa. E pense em como seria fácil, e até justificável, que esse pai deixasse de ter qualquer esperança com relação ao filho. Mesmo assim, o filho venceu metade da sua batalha antes mesmo de voltar para casa, no momento em que admitiu os seus erros *para si mesmo*. E ele então foi humildemente buscar o perdão de seu pai, na esperança de que os dois pudessem recomeçar o seu relacionamento do zero.

Vejo a minha vida refletida na trajetória do filho pródigo. Ele não parou nenhuma vez para pensar sobre como estava levando a vida quando tomou a sua herança e a esbanjou. Eu também agi assim. Só que tanto o filho pródigo quanto eu acabamos envergonhados de nossas atitudes e com a certeza de que não éramos dignos de receber uma nova chance — sem que no entanto deixássemos de lado a esperança, essa força que nos fez embarcar em longas jornadas emocionais para nos tornarmos novamente a boa pessoa que já havíamos sido um dia.

A esperança é algo pelo qual todos nós ansiamos todos os dias. Nós esperamos que a nossa rotina corra bem no trabalho, esperamos que os filhos fiquem bem na escola, que a nossa casa continue de pé quando voltarmos para ela. Nós esperamos que o nosso carro não pife, que o clima fique agradável, que aquele parente adoecido se recupere logo, que a nota da prova seja boa. Nós exercitamos constantemente a esperança, muitas vezes sem sequer nos darmos conta disso. Ela é uma parte natural da essência humana.

Mas como será que lidamos com a esperança diante de uma adversidade, naqueles momentos em que parece não existir nada o que esperar, mas nos quais, no entanto, é a esperança que fará a diferença entre ganhar ou perder, entre o sucesso ou o insucesso, entre a vida ou a morte? Quando as apostas estão todas contra nós e as cartas não nos parecem boas o bastante, nós preferimos desistir da rodada ou manter a esperança naquela carta que chegará para virar o jogo?

Pense na diferença entre as primeiras horas e as últimas do tempo que eu passei soterrada nos escombros. Quando tudo começou, eu estava espremida no meio da escuridão completa, com as pernas esmagadas, um dos braços preso, a cabeça imobilizada e sem ninguém que pudesse ouvir o meu pedido de socorro. Perto do fim desse período, eu continuava espremida, no escuro, com as pernas esmagadas, o braço preso, a cabeça imobilizada e sem ninguém que me ouvisse. A minha situação física não havia sofrido nenhuma mudança para melhor. Ela, aliás, havia piorado, com a fraqueza que eu começava a sentir por causa da ausência de água e de comida. A única diferença entre o início e o fim foi que, no fim, eu havia descoberto a esperança — a esperança de que o Senhor iria ouvir minhas súplicas, de que confiaria em mim, me perdoaria, iria em meu resgate. E isso tudo aconteceu pouco antes de Paul segurar a minha mão.

Outro dia encontrei uma citação anônima que dizia: *"Sempre que o mundo nos manda desistir, a esperança sussurra: 'Tente mais uma vez.'"*

A esperança não faz distinção. Não importa o quão desoladora pareça a sua situação, não importa o tamanho da dor ou da angústia que você esteja sentindo, não importa o quão alquebrado você se sinta. Não tem importância quem você é, ou em que direção está seguindo. A esperança está sempre lá. Assim como o filho pródigo, só o que você precisa fazer é se apropriar dela. E, quando fizer isso, Deus estará lá para recebê-lo de braços abertos. Preste atenção ao sussurro da esperança.

Sempre aproveite a segunda chance

Receber uma segunda chance é uma dádiva maravilhosa. Se você se dá mal numa prova da escola, às vezes a professora permite que faça um trabalho extra para tentar compensar a nota, ou até que tente uma nova avaliação. Se no trabalho você vacila com um cliente, pode ser que esse cliente volte para lhe dar uma nova chance de manter a parceria. Se você está num jogo e faz uma coisa que prejudica o seu time, talvez ainda haja tempo na partida para compensar a pisada na bola. Mas o fato é que essas oportunidades são raras, e é isso que faz a segunda chance ser tão preciosa.

Na maior parte das vezes, a vida não nos dá a chance de passar as coisas a limpo. Aquilo que dizemos ou fazemos não pode mais ser desfeito. Nós podemos tentar corrigir o que já passou. Podemos buscar o perdão de quem prejudicamos. Ou tomar a decisão de fazer diferente numa próxima ocasião. Mas são esses erros importantes, aqueles de maiores proporções e que acabam tendo um impacto negativo na nossa vida e na vida dos outros, que se mostram os mais difíceis de superar ou apagar da memória, por mais que nos esforcemos para tal. E é por isso que, quando uma segunda chance aparece, é fundamental que saibamos reconhecê-la, que compreendamos a sorte que temos por estar recebendo uma oportunidade assim e que a aproveitemos ao máximo.

Esse pensamento nunca tinha me passado pela cabeça até o 11 de Setembro. Eu não dava o devido valor às coisas que recebia da vida todos os dias — ao fato de poder acordar pela manhã, de ter um trem para me levar em segurança até o trabalho, de trabalhar num edifício construído para resistir bem a adversidades e de poder encontrar meus amigos e familiares da maneira como planejara. Não via a vida como um presente, em suma. Não a via como uma coisa que algum dia seria tirada de mim, mesmo sabendo, como todos nós sabemos, que somos seres mortais. Como acontece com muitos, especialmente das gerações mais jovens, eu me sentia como se fosse invencível e estivesse no controle do meu destino em todos os momentos. Levava a vida da maneira que bem entendia, confiante de que a qualquer momento poderia dar para trás e modificar o que desejasse, ou até mesmo voltar a fazer as coisas de outra maneira se fosse o caso.

Quando tomei a decisão de deixar Kimberly para trás, na minha cabeça isso era um arranjo temporário. Sim, eu perderia um ou dois anos do desenvolvimento da minha filha enquanto estivesse morando longe dela, mas acreditava piamente que seria capaz de compensar isso assim que tivesse condições de trazê-la para morar em Nova York. Seria um tempo de sacrifício, mas não definitivo. E o meu pensamento era o mesmo quando eu refletia sobre o meu relacionamento com Deus. Eu não mantivera com Ele a proximidade que aprendera quando criança, mas isso não costumava me preocupar em absoluto. Na minha cabeça, não haveria problema em cair na farra por um tempo, levar a vida como bem quisesse, para depois talvez voltar para o lado Dele num momento futuro. Mas, como viria a descobrir no dia 11 de setembro de 2001, a vida nem sempre se desenrola de acordo com os nossos planos. Milhares de pessoas boas que saíram das suas casas naquele dia esperando nada além da sua rotina habitual não receberiam uma segunda chance. Elas nunca tiveram a oportunidade de se despedir dos seus entes queridos, de seguir com o trabalho que vinham fazendo, de terminar aquela xícara de café. Muito poucos de nós, seja pelo motivo que for, receberam uma segunda chance da vida naquele dia. E pensando nisso eu não apenas me sentia afortunada como também responsável por aproveitar ao máximo esse presente precioso da vida, sem desperdiçá-lo.

Uma das histórias mais famosas que existem a respeito das segundas chances, e que já foi recontada muitas vezes e de diversas formas diferentes, inclusive em livros infantis e desenhos animados, é a de Jonas e a baleia.

Diz a narrativa que Deus ordenou que Jonas fosse à cidade de Nínive "clamar contra ela, porque sua malícia subiu até a Minha presença". Ele, entretanto, resolveu não cumprir o que Deus queria e fugiu para a cidade de Társis a fim de tentar escapar do Senhor. Jonas então embarcou num navio junto com outros homens e zarpou, achando que assim ficaria longe dos olhos de Deus. Acontece que Ele criou uma tempestade, com ventos tão fortes que ameaçavam partir o navio em pedaços. Os outros homens começaram a ficar nervosos e, ao perceberem que era a presença de Jonas que estava instigando a ira divina, lançaram-no ao mar. Quando isso foi feito, as ondas se acalmaram instantaneamente.

Nesse meio-tempo, Deus fez com que uma baleia imensa engolisse Jonas, para que ele tivesse uma segunda chance. Depois que Jonas passou três dias e três noites em oração dentro da barriga da baleia, Deus atendeu às suas súplicas e fez com que o animal o lançasse de volta à terra. E, quando isso foi feito, repetiu para ele as mesmas ordens de antes: "Levanta-te e vai à grande cidade de Nínive, e prega contra ela a mensagem que eu te digo." Dessa vez, Jonas obedeceu à risca. Ele disse ao povo de Nínive que a cidade estava prestes a ser aniquilada por Deus por causa do seu comportamento iníquo. E o povo então mudou seu comportamento na mesma hora, evitando que a ira divina se derramasse sobre suas cabeças.

Penso que essa história se tornou tão bem conhecida por pessoas de todas as vertentes justamente pela raridade com que vemos uma segunda chance acontecer. Quer você acredite ou não em Deus ou na Bíblia, de onde a narrativa é tirada, sempre será capaz de se identificar com a lição que ela traz a respeito das segundas chances. Porque, na história, vemos que não só Jonas teve uma oportunidade de se redimir, como isso também foi concedido à população de Nínive. Segundas chances são raridades nesta vida, são momentos preciosos que não podem ser desperdiçados. Receber uma terceira chance, então, é algo de que quase não se tem notícia.

Muitas vezes penso em como cheguei perto de nunca mais ver Kimberly, de nunca mais me encontrar com Roger, e também no quanto cheguei perto de nunca ter a oportunidade de me reconciliar com Deus. E não é que essas coisas voltem a mim como lembranças para me atormentar — eu me remeto a elas intencionalmente, porque não quero esquecê-las nunca mais. Por mais dolorido que possa ser reviver esses momentos de aflição, mantê-los sempre frescos na memória é uma maneira de alertar a mim mesma para nunca ter certeza absoluta de que o amanhã estará à minha espera. A recordação desses momentos é o alerta para que eu jamais deixe de valorizar nenhuma coisa ou pessoa que tenho na vida, e para que saiba que, sempre que perceber a oportunidade de refazer algo grande ou pequeno, em especial se for algo que eu tenha feito errado anteriormente, devo agradecer pela segunda chance e aproveitá-la da melhor maneira que puder.

Esteja preparado para morrer

Como nós podemos nos preparar para uma coisa que não sabemos quando ou de que maneira irá acontecer? De que forma eu poderia ter me preparado para morrer no desabamento de uma torre de 110 andares? Como poderia estar preparada para a perda súbita de tantos amigos e colegas de trabalho? Como seria possível que eu estivesse pronta para morrer aos 30 anos de idade?

Nós não podemos levar a vida pautada pelo medo. Coisas ruins certamente acontecerão conosco. Elas acontecem com todos nós. São parte da vida. Se escolhermos viver com medo, acabaremos não vivendo de maneira nenhuma. Mas o 11 de Setembro me ensinou que, embora eu jamais pudesse estar totalmente pronta para a tragédia que se abateu sobre nós, estaria mais preparada se simplesmente tivesse escolhido levar uma vida melhor até aquele momento.

Basta você procurar as estatísticas de quantas pessoas morrem todos os dias para ter uma prova do quanto a vida é um dom precioso. Nós deparamos com a morte o tempo todo nos noticiários, na internet, nos jornais, quando cruzamos com cortejos fúnebres passando na rua — mas, geralmente, só depois de enfrentarmos uma tragédia pessoal é que conseguimos nos dar conta de que ela pode chegar para nós a qualquer momento. Nos Estados Unidos, em 2007, mais de 2,4 milhões de pessoas morreram. Isso dá uma média de quase 6.600 mortes todos os dias. Entre todas elas, mais de um milhão foi decorrente de ataques cardíacos, câncer ou derrame. Mas a categoria que mais chama a minha atenção é a das mortes não intencionais, ou acidentais. Mais de 123 mil pessoas em 2007 se encaixaram nesse grupo, perfazendo uma média de praticamente 339 mortes acidentais por dia. Pense em como esse dado é assombroso! Esse número poderia equivaler a uma escola cheia de crianças, ou a famílias de um bairro inteiro aniquiladas da face da Terra a cada dia. Se essas mortes acontecessem de forma concentrada, elas certamente seriam vistas publicamente como uma tragédia, e receberiam mais atenção. Mas não é assim que acontece, e elas não recebem.

Portanto, de que forma podemos preparar nossos corações para o outro lado desta vida, que se aproxima mais e mais de nós a cada instante que passa? O segredo é levar uma vida boa a cada minuto do seu dia.

Nós não conseguiremos ser perfeitos, isso é óbvio. Não é da nossa natureza viver na perfeição. Mas existem muitas coisas que podemos fazer para melhorar a nós mesmos e também o mundo à nossa volta. E essas coisas podem ser tão simples quanto um sorriso, um cumprimento, um aperto de mão, um abraço. Pode ser um telefonema para alguém que você ame, ou uma ligação para fazer as pazes com uma pessoa com quem teve um desentendimento. Pode ser uma ajuda, em forma de trabalho ou doação financeira, para alguém que esteja precisando de assistência. Pode ser um esforço para erradicar as fofocas, as maledicências e a negatividade da sua escola ou seu ambiente de trabalho. Ou fazer uma visita a quem esteja precisando, estender a mão para fazer bem a um desconhecido na rua. Pode ser tão simples quanto compartilhar uma risada, ou tão difícil quanto chorar junto com quem esteja sofrendo. Você pode dar um conselho, ou só oferecer um ombro amigo a alguém que precise desabafar. Pode fazer um pequeno elogio, ou organizar uma enorme comemoração.

No período em que passei soterrada viva, eu me dei conta de como o meu dia a dia não incluía atitudes como essas. A minha vida girava mais em torno do meu próprio umbigo do que qualquer outra coisa, e essa postura já havia quase devastado a vida de muitos outros, incluindo a da minha filha e a do homem que eu amava. Caso a morte tivesse me levado junto com os outros milhares de pessoas que se foram naquele dia, não sei bem em que lugar eu estaria neste momento — e essa é uma constatação que me assusta.

Não, nós não podemos viver sentindo medo... mas talvez um pouquinho de medo seja algo positivo. Uma vez, vi um adesivo no para-choque de um carro que dizia: SE VOCÊ NÃO ACREDITA EM DEUS, É MELHOR TORCER PARA ESTAR CERTO. Acho que essa frase pode servir para definir a maneira como levo a minha vida hoje. Não posso dizer que tenho qualquer garantia da existência de Deus, assim como um ateu não terá provas definitivas da Sua não existência. Mas ter guardado no coração esse tantinho de medo do desconhecido foi algo que me ajudou a estar mais perto Dele desde o 11 de Setembro, e que vem me ajudando a ser uma pessoa melhor. Seja por que motivo for — por medo de Deus ou de qualquer outra coisa —, procure levar uma vida boa, uma vida que tenha um impacto positivo no mundo. Assim, no fim, não importando em que momento esse fim vá chegar, você estará mais bem preparado para enfrentar o inevitável.

Saboreie as pequenas coisas da vida

Houve um filme que ficou famoso em 1986 e se chamava *Curtindo a vida adoidado*. Na história, o adolescente Ferris Bueller decide matar aula com dois amigos para aproveitar praticamente tudo o que a cidade de Chicago tinha a oferecer. O trio vai a um restaurante elegante, aprecia as obras de arte num museu e consegue agarrar uma bola rebatida para fora numa partida de beisebol dos Chicago Cubs. A linha mestra da comédia era uma frase dita por Ferris: "A vida passa bem depressa. Se você não parar de vez em quando para olhar em volta, é capaz até de perdê-la."

Eu acredito que todos devem sonhar alto. Foi isso que eu sempre fiz. Desde os meus dias de eterna vencedora dos concursos de talentos infanto-juvenis até o momento em que finalmente me mudei para Nova York para ir atrás do meu sonho de cantar e dançar — eu sempre quis tudo e mais um pouco. Mas acontece que nesse processo acabei me deixando enredar no redemoinho da vida e fui parando de saborear as "pequenas coisas" que ela oferecia. Fazer uma pausa para olhar em volta passou a ser coisa rara para mim.

O maior presente que a vida me deu foi Kimberly. Hoje, é desalentador pensar em todas as pequenas alegrias cotidianas que deixei de ter ao seu lado quando fui morar longe dela. Sempre penso também nas duas semanas que passei afastada de Roger, pouco antes do 11 de Setembro. Ele parecia ter um entendimento maior dessas pequenas alegrias da vida, como a chance de poder sentar ao meu lado no sofá e simplesmente não fazer nada em vez de ter que sair para a balada noite após noite.

Parei para pensar, certo dia, em quantas "pequenas coisas" eu pude ter desde que acordei no dia 11 de setembro de 2001 até o momento em que fui resgatada dos escombros. E a lista que fiz mentalmente era interminável.

Ela começava pela noite tranquila de sono que eu tivera antes de acordar, e que era algo raro para alguém que costumava frequentar tanto a vida noturna da cidade. Depois veio a brisa fresca que entrou pela minha janela, as roupas bonitas que eu tinha a sorte de possuir, e o dia maravilhoso de sol que estava à minha espera quando saí do apartamento para tomar o trem.

Na minha lista também entrou o trajeto calmo até Manhattan, e a gostosa caminhada desde a estação até o meu escritório, podendo desfrutar da cidade mais bacana do mundo. E aquele delicioso bagel com chocolate quente que comprei, as tarefas que eu tinha a cumprir e que eram um lembrete do quanto eu amava o meu emprego, e a boa conversa que pude ter com Susan.

Embora você talvez esteja esperando que a lista vá terminar por aqui por conta do que aconteceu em seguida, ainda há muito mais itens a acrescentar. Como o meu laço de amizade com Rosa, que se fortaleceu tanto nos poucos meses desde que nos conhecemos a ponto de permitir que enfrentássemos lado a lado, como irmãs, os acontecimentos que viriam pela frente. E a presença de Pasquale e dos outros colegas de andar, que com o cuidado e a consideração que tiveram por todos nós quase conseguiram nos conduzir em segurança até o lado de fora do edifício. Os bombeiros com quem cruzamos na descida das escadas, e que estavam subindo na direção do perigo por nossa causa. E como eu poderia me esquecer do senso de humor mostrado por Rosa, com o comentário que fez a respeito dos meus sapatos?

Depois, presa nos destroços, a alegria de ainda estar respirando, consciente, com um cérebro perfeitamente funcional. E de ter o braço esquerdo livre. De ter a mão e os dedos ligados a esse braço capazes de se movimentar. E de ter ido parar num lugar sereno, no tipo de lugar ideal para fazer uma pausa e dizer uma oração. Pude refletir sobre a minha infância de uma maneira como nunca havia feito antes. Pude resgatar as preces dos meus tempos de escola católica, pude pensar na oração que mamãe havia me ensinado. Pude pensar em mamãe.

Voltei a me encontrar com Deus. E acabei percebendo que Ele não havia saído do meu lado em nenhum momento — e que era eu que vinha tentando me esconder. Descobri uma confiança em mim mesma que não sentia havia muitos anos, e que me deu a coragem de me dirigir a Ele sem medo de pedir a Sua ajuda. Tive as lembranças de Kimberly, que me fizeram sorrir. E as de Roger também. Que bênção era a presença desses dois na minha vida!

E então houve também o encontro com Paul. Está bem, talvez Paul não se encaixe exatamente numa lista de "pequenas coisas", mas e quanto àquilo que ele fez por mim? Ele não me ergueu levitando acima das cinzas com seu poder espiritual. Tudo o que fez foi segurar a minha mão. E conversar comigo. Ele me acalmou. Ficou repetindo que a ajuda iria chegar. Sem pressa nenhuma. Ele simplesmente estava lá... e ficou lá durante todo o tempo que precisou ficar.

Houve Rick e Brian, que decidiram parar suas vidas agitadas para olhar em volta, e com isso acabaram indo parar na cidade de Nova York. Foi com um olhar de relance para a direção onde eu estava que Rick avistou o bombeiro morto. Um rápido olhar — foi isso o que bastou, seguido pelo bombeiro que veio recolher o corpo do companheiro e acabou se deparando comigo. E nenhum deles teria prestado atenção àquela área se não tivesse sido pelo faro de Trakr. Quem poderia pensar em uma coisa tão pequena quanto essa — o focinho de um cachorro. Um cachorro que provavelmente foi recompensado com uma boa refeição pelo seu ato de coragem, e que provavelmente ficou muito satisfeito por poder saboreá-la. Eu soube que Trakr faleceu em 2009. Nunca cheguei a conhecê-lo, mas vou guardá-lo para sempre na minha lembrança. Se você acredita que os cachorros também vão para o Céu, pode apostar que é lá que ele está, olhando por nós aqui embaixo.

Houve todos os "vivas" que me acompanharam no caminho da pilha de escombros até a ambulância que me esperava. O sorriso que brotou no meu rosto. O sorriso no rosto dos voluntários. Houve o meu reencontro com Roger, e as lágrimas que nós dois derramamos juntos. Houve a voz dele falando: "Por que você não saiu de lá quando eu lhe disse para fazer isso?" Essas palavras vão ficar gravadas para sempre na minha memória, e sempre vão me fazer sorrir.

O dia no qual a minha vida quase terminou foi pontuado por dezenas das tais pequenas coisas, e na ocasião eu não me dei conta de nenhuma delas. A vida passa acelerada, mas isso não quer dizer que você seja obrigado a ficar o tempo todo correndo. Lembre-se do conselho de Ferris Bueller, pare para olhar em volta de vez em quando. A vida é uma coisa linda. Você não vai querer perder a passagem dela.

Seja feliz com aquilo que você tem

É de Alexandre Dumas, o escritor francês do século XIX, a citação que melhor define a visão que eu tenho da felicidade:

> Não há nem felicidade nem infelicidade neste mundo, há apenas a comparação de um estado a outro. Somente um homem que sentiu o desespero mais profundo é capaz de sentir felicidade suprema. É necessário ter sentido o que é morrer para se ter noção dos prazeres da vida.

Eu certamente morri emocionalmente no momento em que me dei conta de que estava prestes a perder tudo o que mais amava. A agonia mais profunda tomou conta de mim quando pensei que perderia minha filha, meu namorado, a mim mesma. E foi por ter chegado a um passo de perder esses relacionamentos, e esse amor, que hoje consigo valorizar aquilo que é importante na vida. Eu sei que a felicidade não tem nada a ver com a quantidade de dinheiro que tenho, com quantos bares consigo percorrer na mesma noite, com a aparência caprichada que consigo manter ou o tanto de poder que tenho. Muita gente acredita que quanto mais dinheiro tiver, maior será a sua liberdade. Que se for rica estará livre para comprar o que quiser, trabalhar quando quiser, para fazer tudo o que lhe der vontade no momento em que bem entender. Mas será que as coisas são mesmo assim? Pense nessas palavras de Madre Teresa de Calcutá:

Quanto mais você tem, quanto mais se põe ocupado, menos pode dar. No entanto, quanto menos tem, mais livre você é. A pobreza para nós é uma liberdade. Não uma humilhação, nem um suplício. É a mais alegre liberdade. Aqui não temos televisão, nem isto, nem aquilo. Mas somos perfeitamente felizes.

Reflita bem. "Quanto mais você tem, quanto mais se põe ocupado, menos pode dar." Quantas vezes nós nos vemos prisioneiros das "tralhas"? Dos nossos carros, das nossas casas, nossas roupas. Com a televisão, é comum que nossas rotinas e nossos relacionamentos passem a girar em torno de um certo filme, do jogo decisivo, ou de algum *reality show* que temos que acompanhar. Alguém aí já pensou na ironia que é nós nos sentarmos diante da televisão para ver pessoas que nem conhecemos vivendo as suas vidas?

Não vejo nada de errado em acumular riquezas ou gastar dinheiro em "tralhas" que vão nos divertir de uma maneira ou de outra. Mas quando esse dinheiro ou as coisas que ele compra passam a definir quem nós somos, começo a questionar se pode haver felicidade aí. Norman MacEwan, comandante da Força Aérea Britânica, certa vez declarou:

A felicidade não está tanto no ter, mas no partilhar. Nós garantimos nosso sustento com aquilo que conseguimos ganhar, mas construímos a vida com aquilo que temos a doar.

O fato é que nós somos, em muitos aspectos, a sociedade da ganância. Podemos até gostar das coisas que já temos, mas passamos o tempo todo querendo ter mais.

Todo gadget mais moderno que aparece no mercado nós temos que comprar — o software mais atual, a última versão daquele video game, o presente de Natal mais disputado da temporada, o celular mais moderno do mercado. Quantos de nós não vão acabar digitando mensagens de texto e postagens no Twitter até em seus leitos de morte? Pela maneira como a tecnologia vem tomando o lugar dos relacionamentos de verdade, num certo sentido, eu não me espantaria se essa se tornasse a única forma de comunicação usada por algumas pessoas solitárias e infelizes.

Aleksandr Solzhenitsyn, um romancista russo falecido em 2008, certa vez afirmou:

> Não se deve jamais exortar as pessoas a perseguirem a felicidade, porque a felicidade também é, ela própria, um dos ídolos do mercado. O que devemos pregar é a afeição mútua. As feras também podem se sentir felizes enquanto dilaceram suas presas, mas apenas os seres humanos são capazes de sentir afeto uns pelos outros, e essa é a maior conquista a que alguém pode aspirar na vida.

A felicidade está nos relacionamentos, em estar com a família, com os amigos, ou com Deus. Amigos que não tenham dinheiro nem posses materiais podem nos deixar felizes. Mas será que o dinheiro e as posses materiais sem amigos fariam o mesmo efeito? Não exatamente, na minha opinião.

Quero concluir este tópico com uma lição que aprendi com uma das minhas citações favoritas. Trata-se de uma declaração surpreendente vinda de uma pessoa que à primeira vista tinha tudo o que se podia querer: Abd-ar-Rahman III, um poderoso príncipe que viveu no século X. Um príncipe que, no entanto, depois de cinco décadas e de fazer alguns cálculos e reflexões, concluiu que na verdade tinha muito pouco:

> Estou completando 50 anos de reinado na vitória e na paz, sou amado por meus súditos, temido por meus inimigos e respeitado pelos meus aliados. Riquezas e honras, poder e prazeres, tudo isso eu consegui com um estalar de dedos, e não posso dizer que exista alguma bênção terrena

que tenha ficado longe do meu alcance. Nesse cenário, fiz a contagem meticulosa do número de dias ao longo desse tempo em que pude experimentar a felicidade genuína. E encontrei como resultado... 14.

Tenha os valores morais como prioridade na criação dos seus filhos, e depois confie que eles seguirão os seus ensinamentos

Uma criança não vem com manual de instruções ao nascer, o que é um sinal do senso de humor de Deus. Todo tipo de coisa vem com instruções. Sempre que você compra algum produto que "necessita de montagem", ele vem acompanhado de uma brochura que, muitas vezes, chega a ser tão grossa quanto um romance. Mas como todos que já tiveram filhos bem sabem, quando esses bebezinhos entram na nossa vida gritando a plenos pulmões, diferentes de todas as outras pessoas no planeta e abertos para serem influenciados todos os dias por tudo e por todos que percebem à sua volta, cabe a nós a missão de conseguir dar um jeito para que se transformem em membros honestos, produtivos e relevantes da sociedade sem receber sequer uma dica de como iremos fazer isso. Você consegue pensar em algo nesta vida que seja mais desafiador do que a tarefa de criar uma criança?

Primeiro vem a parte braçal: você tem que carregar o seu "pacotinho" de um lado para o outro, trocar as fraldas, limpar a bagunça que ele faz, levá-lo para a escola, ajudar com o dever de casa, brincar com ele, treinar o time esportivo no qual ele decide entrar. E a lista segue interminavelmente, à medida que os anos da sua própria vida vão minguando ao sabor de cada dor nas costas, cada pontada nos músculos, de cada noite de sono perdida.

O impacto financeiro é sentido pelo resto da vida: são gastos com comida, fraldas, roupas, brinquedos, educação, médicos, o primeiro carro e todos os "Pai, me empresta vinte pratas?" ao longo do caminho. Encontrei dados do Departamento de Agricultura dos Estados

Unidos segundo os quais o custo estimado de criar um filho desde o nascimento até os 18 anos pode variar entre 200 mil e quase 400 mil dólares, dependendo da sua faixa de renda e do estilo de vida que levar. Eu imagino que o resultado final deva ficar perto do limite mais alto para muita gente, e se você ainda for ajudar a pagar a faculdade verá esse número crescer ainda mais.

O desgaste mental e emocional não pode ser quantificado, mas provavelmente é o que acaba sendo mais significativo. Desde o instante em que nós nos tornamos pais somos dominados pela preocupação com o bem-estar da prole, e cada doença, cada briga na escola e cada dilema social, à medida que eles vão crescendo, tira a nossa tranquilidade. A adolescência chega trazendo um pacote novo de preocupações com as novas amizades e com as decisões mais sérias que são deixadas a cargo de mentes tão jovens e impressionáveis. O desgaste físico e os gastos financeiros se somam ao estresse mental. E a situação não fica mais fácil depois que eles terminam de crescer e saem de casa — ela só é diferente de antes. Eles vão continuar sendo nossos bebês para todo o sempre. E sempre vão ser o alvo das nossas preocupações.

Com todos esses desafios, entretanto, não consigo pensar em nada que seja mais gratificante do que criar um filho. A oportunidade de poder receber essa pessoinha que nasce completamente dependente dos seus cuidados, e moldá-la para que se torne alguém à sua imagem e semelhança, é tão absurdamente espetacular que não há outro presente que Deus tenha nos dado que chegue aos pés dela. Mas é nesse moldar que entra uma carga enorme de responsabilidade, a responsabilidade por uma possível reação em cadeia que poderá afetar muitas gerações futuras.

Se você for uma pessoa boa e com elevados valores morais, há boas chances de que seus filhos sigam pelo mesmo caminho, porque terão sido criados para isso e terão crescido cercados de influências positivas e modelos de comportamento desejáveis. Se você vir com desprezo um certo grupo de pessoas, tudo indica que o seu filho também crescerá com o mesmo ódio, porque o terá aprendido com você. Se for republicano ou democrata, possivelmente terá filhos que seguirão a mesma tendência política, depois de crescerem ouvindo você falar a respeito. Se você torce por um determinado time do seu esporte favorito, o seu filho irá torcer pelo mesmo time.

Mas uma coisa que a vida de mãe me ensinou é que, por mais que você se esforce para tentar criar filhos que ajam de uma determinada maneira ou defendam determinadas causas, sempre chega o dia em que eles vão crescer e se pautar pelas próprias ideias. Eles tomarão as próprias decisões a partir do que considerarem ser certo e melhor para si. Essa parte do "desapegar-se" talvez seja o desafio mental mais difícil da paternidade ou maternidade, mas ele também é um sinal de que você cumpriu bem a sua tarefa.

Quando voltei a ler a Bíblia, depois do 11 de Setembro, percebi que nunca havia me dado conta de quantos versículos existem falando de filhos e da missão de criá-los. Eu transcrevo a seguir uma lista de alguns dos que mais me chamaram a atenção.

No Deuteronômio 6:5-7, temos:

Amarás, pois, ao Senhor teu Deus de todo o teu coração, de toda a tua alma e de todas as tuas forças.

E estas palavras, que hoje te ordeno, estarão no teu coração. E as ensinarás a teus filhos, e delas falarás sentado em tua casa e andando pelo caminho, ao deitar-te e ao levantar-te.

Outro trecho curto, mas muito relevante, está em Efésios 6:4:

E vós, pais, não provoqueis à ira vossos filhos, mas criai-os na disciplina e admoestação do Senhor.

E nós não praticamos o desapego com nossos filhos apenas uma vez, e sim diversas vezes ao longo de suas vidas. Nós temos que nos desapegar quando eles começam a se alimentar sozinhos e não precisam mais do leite materno para garantir a sua nutrição. Nós nos desapegamos um pouco mais quando eles passam do primeiro ciclo do ensino fundamental para o segundo, do fundamental para o ensino médio, e do ensino médio para a faculdade. Nós nos desapegamos mais ainda quando eles saem de casa para morar sozinhos, quando arrumam um emprego, quando se casam. E esse processo de "desapegar-se" pode ser dolorido e gratificante ao mesmo tempo. É dolorido ver as crianças não precisando mais de nós como antes precisavam para realizar uma tarefa ou se virarem em uma área da sua vida em especial. Elas, que já dependeram inteiramente de nós, agora não precisam de ajuda. E é também gratificante chegar a esse momento, porque, se criamos nossos filhos à luz dos versículos que estão transcritos aqui, esse será o sinal de que nossa tarefa foi cumprida.

O que me leva a citar um outro trecho, desta vez dos Provérbios 22:6:

Instrui o menino no caminho em que deve andar,
e até quando ele envelhecer não se desviará dele.

A nossa esperança sempre é que os filhos peguem aquilo que aprenderam conosco e carreguem pelo resto de sua vida. Mas nós também devemos estar prontos para encarar a realidade de que talvez isso não aconteça. Eu conheço vários republicanos filhos de pais democratas, e muitos democratas que foram criados por pais republicanos. Conheço pessoas que cresceram torcendo pelo mesmo time dos pais mas que hoje em dia escolheram outros times de coração. E, se há pessoas que foram criadas sem a crença em Deus e hoje acreditam Nele, também existem muitas que foram ensinadas a ter fé em Deus mas deixaram essa fé de lado ao longo do seu caminho.

Eu mesma nunca cheguei a perder a crença na existência de um Deus, mas estive longe de manter em todos os momentos o mesmo fervor por Ele, o mesmo amor e sensação de gratidão a Deus que minha mãe e meu pai sempre tiveram. E a culpa por isso não foi deles. Essa foi uma escolha que eu fiz depois que cresci e me tornei capaz de tomar minhas próprias decisões. Meus pais me criaram para acreditar em Deus, para adorá-lo e louvá-lo. E eu decidi seguir por um caminho diferente. Mas no final acabei voltando para o caminho no qual os dois haviam me iniciado, e sem que tivesse a influência deles para fazer isso no momento em que fiz. Voltei porque fui criada com os valores elevados que meus pais me passaram, e portanto sabia que isso era o certo a fazer. Os dois cumpriram bem a sua missão, e isso se reflete na pessoa que sou hoje. Só precisei de algum tempo até chegar lá.

Enquanto temos os filhos sob a nossa tutela, precisamos nos empenhar com todo o espírito e todo o coração na tarefa de criá-los com os valores morais mais elevados que conseguirmos. Essa é uma responsabilidade que temos, não apenas com eles mas com a sociedade na qual eles vão viver, a sociedade na qual vão criar seus filhos e os seus filhos vão criar os filhos deles.

Eu disse aqui que os filhos não vêm com manual de instruções. Mas acho que talvez a Bíblia possa ser esse manual. Mesmo que você não acredite em Deus, ou que não tenha uma posição definida a respeito do que acontece depois desta vida, procure dar uma olhadinha na Bíblia — não como livro religioso, mas como um manual sobre como levar uma boa vida. E, se partilhar com os seus filhos algumas das instruções que vai encontrar nela, provavelmente não terá muito o que errar na sua missão como pai ou mãe.

A vida não espera por ninguém

Eu já relatei aqui que, no momento em que estava me preparando para deixar a torre pela primeira vez, tive vontade de poder dar um tempo no desenrolar dos acontecimentos.

Se eu tivesse tido alguns minutos para organizar as ideias, para me certificar de que nada havia influenciado a decisão que eu tomara de ir embora dali, nós todos teríamos escapado. Numa série de TV dos anos 1960 e 1970 chamada *A feiticeira,* as protagonistas tinham o poder de fazer um gesto e congelar todos os que estavam à sua volta. Elas podiam então arrumar as coisas como queriam, e depois era só colocar o mundo em movimento de novo e deixar a vida seguir o seu caminho. Mas isso era só em Hollywood, não na vida real.

Depois dos ataques, as bolsas de valores ficaram sem operar por quase uma semana, o espaço aéreo sobre a cidade foi temporariamente fechado, e muitos negócios faliram. Mas a vida não parou. Indivíduos que estavam em outras regiões da cidade, do país, do mundo, foram trabalhar. Bebês continuaram nascendo. Pessoas continuaram saindo de férias, cuidando dos seus jardins, se casando. Para alguns, aliás, a rotina ficou até mais acelerada — as equipes de resgate, os profissionais de saúde, o pessoal da imprensa e do governo, todos esses profissionais tiveram que reagir imediatamente aos acontecimentos.

No caso das famílias das vítimas, a vida seguiu seu rumo do jeito mais triste, com os preparativos para os funerais, as últimas despedidas, as pessoas tentando descobrir como conseguiriam seguir em frente sem os maridos, as esposas, os pais, as mães e os filhos. Nas horas que passei soterrada embaixo dos escombros, eu também daria tudo para conseguir fazer o mundo parar, visto que a cada segundo que passava a morte avançava um passo na minha direção.

Mas com a minha experiência eu aprendi que, se nós aceitarmos o fato de que a vida nunca, jamais vai parar para esperar quem quer que seja, poderemos usar isso como motivação para aproveitar ao máximo o tempo que temos nela, para viver cada dia com um vigor capaz de fazer cada minuto valer a pena. Ao constatar que o tempo não iria parar de passar enquanto eu estava debaixo dos destroços, finalmente comecei a usá-lo de maneira mais sábia para me aproximar de Deus, e foi isso que me transformou na pessoa melhor que sou hoje. No caso daqueles que perderam seus entes queridos nos ataques, o correr incessante da vida serviu para afastá-los, pelo menos um pouco, da dor que certamente sentiram naquele 11 de Setembro. E eu espero que tenha servido também para lhes trazer a felicidade de outras maneiras — através de novos relacionamentos, através do serviço ao próximo, ou do esforço político para transformar o país num lugar mais seguro para as gerações futuras.

Penso que a constatação de que a vida segue seu rumo haja o que houver, e não importando quem você seja, é o primeiro passo na direção da meta de aproveitar ao máximo cada momento de cada dia. O outro passo necessário é simplesmente viver de uma maneira positiva — doando-se aos outros, dando o melhor de si em tudo o que tiver que fazer, amando as pessoas à sua volta, não se deixando abalar por aborrecimentos menores, sentindo-se grato por tudo o que você tem, não guardando ressentimentos, procurando viver os seus sonhos, sorrindo bastante...

Robert Brault, articulista que escreveu para diversos jornais e revistas americanos por mais de quarenta anos, certa vez questionou:

Por que ficar amarrado a esse conceito que chamam de expectativa de vida? Que relevância pode ter para o indivíduo uma estatística assim? Eu devo então me preocupar com um lote de dias que nunca foram meus e nunca me foram prometidos? Devo marcar cada dia que termino de viver como se o subtraísse dessa cota imaginária? Não, pelo contrário. Eu vou somar cada dia que passar ao tesouro dos meus dias vividos. E assim a cada dia esse meu tesouro só irá crescer, e não diminuir.

A vida não espera por ninguém e, à medida que segue correndo a todo vapor, vai nos deixando mais próximos da morte. Mas por que se deixar abalar por isso? Se conseguirmos aproveitar ao máximo cada momento de cada dia, e se trilharmos sempre o caminho do bem, a velocidade com que a vida corre deixará de ser importante. Não importa, como disse Brault, qual é o lote de dias que cabe a cada um. Nós não temos que encarar cada dia como um passo adiante na direção da morte, mas como mais um momento magnífico que ficará registrado na memória de uma vida toda.

Aprenda a contar com seus amigos e familiares, e faça com que eles possam contar com você

O termo "amigo" me parece tão banalizado pelos avanços tecnológicos do nosso tempo que às vezes acabamos perdendo a noção do que é um amigo de verdade — do que significa ter um amigo e do que significa ser um amigo. Entre todos os seus "amigos" das redes sociais, quantos são mesmo amigos de verdade, ou seja, pessoas para quem você ligaria se estivesse precisando de alguma coisa? Quantos pediriam ajuda a você? Entre todos os que "seguem" você na vida virtual, quantos seguiriam de verdade se estivessem junto com você na rua? Eu não vejo nada de errado nas redes sociais em si, acho até que elas podem proporcionar muitas coisas boas. Mas não devemos confundir o que essas redes são com aquilo que uma amizade verdadeira pode ser.

George Eliot, romancista do século XIX, certa vez declarou:

> A amizade é o conforto indescritível de nos sentirmos seguros com uma pessoa, sem ter de ponderar os pensamentos nem medir as palavras.

Isso era o que existia entre mim e Rosa. Nós podíamos dizer qualquer coisa uma para a outra, a qualquer momento. Não era um relacionamento de longa data — ela só entrara na minha vida cerca de sete ou oito meses antes —, mas desde que nos conhecemos surgiu uma afinidade espontânea e um laço de amizade que logo se fortaleceu. E se havia alguma suspeita de que o nosso relacionamento podia ser superficial, ela foi dizimada no dia 11 de setembro, quando uma deu todo o apoio físico e emocional à outra do princípio ao fim. Para mim, o sinal mais pungente da força da amizade entre mim e Rosa foi quando desabei em lágrimas pouco antes de iniciarmos a descida das escadas e ela apertou minha mão. Até ali, eu havia sido a parte que oferecia suporte. Mas o modo como Rosa emergiu de toda a dificuldade que estava sentindo naquele momento para me dar apoio no instante em que eu mais precisava foi maravilhoso. E isso sem dizer uma única palavra — apenas apertando a minha mão. Quando duas pessoas são capazes de se comunicar de maneira tão simples, e ainda assim tão poderosa, isso mostra o laço indestrutível que há entre elas.

Uma outra citação a respeito da amizade que eu sinto que se aplica bem à minha vida é a frase de Mark Twain, que diz:

> O maior propósito de um amigo é ficar ao seu lado quando você está do lado errado. Quando está do lado certo, qualquer pessoa ficaria ao seu lado.

Não são muitos os que teriam a coragem de se deparar com uma mulher imunda e coberta de ferimentos dos pés à cabeça depois de ter passado 27 horas enterrada viva e dizer: "Por que você não saiu de lá quando eu lhe disse para fazer isso?" Só mesmo Roger, que era meu melhor amigo, poderia ter falado dessa maneira. E a forma como ele reagiu aos acontecimentos nos dias e nas semanas subsequentes ao 11 de Setembro definiu, mais do que qualquer outra coisa, o que é um verdadeiro amigo. Ele ficou ao meu lado todos os dias, ajudando-me a caminhar, lendo a Bíblia para mim, cuidando para que eu recebesse a atenção que precisava da equipe do hospital. Entre o tempo que passava no trabalho e ao meu lado, ele ficava ocupado por pelo menos 18 horas por dia, sete dias por semana, durante seis semanas seguidas.

Às vezes, eu me pego imaginando como teria sido ser resgatada dos escombros e não ter ninguém que ficasse ao meu lado durante a recuperação. Como teria sido se eu fosse filha única e não tivesse mais meus pais vivos, nenhum filho, namorado ou amigos próximos? Pessoas no mundo todo sofrem todos os dias com a solidão. E muitos de nós não damos valor à companhia que temos à nossa volta, assumindo que sempre haverá alguém ao alcance de um telefonema, ou que sempre haverá pessoas que contarão conosco caso precisem de ajuda. Mas e se Roger não tivesse ficado ao meu lado naquelas semanas? E se a família dele não estivesse lá para apoiá-lo quando ele pensou que eu tinha morrido? E se Elvis não estivesse ao lado de Kimberly quando a notícia chegou a ela? Como qualquer um de nós conseguiria ter atravessado uma situação tão traumática se não tivesse tido o apoio de outros? Não teria sido possível.

Um dos trechos mais verdadeiros e simples que já li sobre amizade está na Bíblia, numa passagem de Eclesiastes 4:9-10, que diz:

Melhor é serem dois do que um, porque têm melhor paga do seu trabalho. Pois se caírem, um levantará o seu companheiro; mas ai do que estiver só, pois, caindo, não haverá outro que o levante.

Nunca deixe de dar valor aos seus amigos. Ofereça conselhos a eles quando pedirem, escute o seu desabafo se eles quiserem falar, segure a mão deles quando precisarem de conforto, seja o ombro amigo onde eles possam chorar, divirta-se na companhia deles, faça sacrifícios por eles, e partilhe com eles a sua vida. Amigos verdadeiros retribuirão da mesma maneira. A verdadeira amizade é assim.

Saiba o que é importante na vida

Não tenho a pretensão de dizer aos outros o que deve ser importante na vida deles. Cada um sabe o que deve ser importante para si. Cada um de nós tem as suas prioridades. As minhas são Deus, a família e em terceiro lugar o trabalho. Outra pessoa pode ter esses mesmos três itens encabeçando a sua lista, só que numa ordem diferente. O fundamental é que você procure saber quais devem ser as suas prioridades, e que nunca deixe de tê-las bem à vista.

Eu mantenho as minhas prioridades em foco fazendo uma prece assim que acordo a cada dia: agradeço a Deus por mais uma manhã e peço a Ele que abençoe minha família, meus amigos e a mim. É uma oração bem rápida, mas que ajuda a pôr o meu dia em foco desde o começo. Em seguida, vou cuidar do meu marido e das crianças enquanto cada um se arruma para o trabalho, a escola ou a atividade que tenha no dia. Depois disso, o foco passa a ser o meu trabalho, que vai ajudar a sustentar a família e a suprir as necessidades básicas de todos nós.

Imagino que na época em que eu nasci, em 1971, a tarefa de definir e manter o foco nas prioridades da vida devia ser bem mais fácil. Havia menos gente no mundo, a mídia não tinha tanta influência, não existia uma tecnologia que permitisse que um lado do mundo se comunicasse com o outro da maneira tão barata e eficiente como podemos fazer hoje. As crianças iam para a escola, os pais e as mães para o trabalho, à noite a família se reunia para assistir a algum dos poucos canais de TV disponíveis, e pronto. Geralmente todos jantavam em casa juntos, visto que as lanchonetes de fast food eram poucas e não ficavam tão próximas de todos os lugares. Brincar quase sempre envolvia fazer alguma coisa no quintal ou na casa de um amigo. Pode parecer uma vida maçante, mas não era. Era só diferente. A vida era assim naquela época. Havia menos opções disponíveis para tudo, e eu acho que isso ajudava as pessoas a manterem a vida sob controle.

Hoje, as distrações estão por toda parte. Conheço gente adulta tão viciada em video games que chega a passar mais tempo jogando do que aproveitando a companhia dos filhos e dos cônjuges. Dizem que alguns passam mais horas acessando os e-mails pessoais ou batendo papo na internet do que fazendo seu trabalho, quando estão no escritório. E a adoração que tantos dedicam a certas celebridades e atletas é uma coisa que nunca se viu.

Eu mesma sou um exemplo de alguém que tinha dificuldade para organizar a sua lista de prioridades. Quando menina, ouvir os novos sucessos do Michael Jackson ocupava uma posição mais alta na lista do que ouvir a Deus. Depois que cresci, o tempo que eu passava na balada era mais importante do que o tempo na companhia da minha família. E a minha aparência externa importava mais para mim do que a pessoa que eu era internamente.

Não há nada de errado em querer se divertir ou ter interesse por assuntos triviais. Eu faço as duas coisas. Só que aprendi que podemos ter problemas quando essas coisas começam a galgar posições na nossa lista de prioridades pessoais e a derrubar outros itens que deveriam ser mais importantes. "Cada um na sua" é um ditado em que acredito bastante. Mas espero que as pessoas possam aprender a partir dos meus erros e entender que, se deixarem de definir bem a sua lista de prioridades na vida, as consequências podem ser devastadoras.

Faça o bem surgir a partir do mal

Eu acredito que uma coisa boa sempre pode nascer de outra ruim, mesmo que seja de algo tão ruim quanto a morte. Isso não quer dizer que a dor pela morte do seu ente querido vá desaparecer. Ela não desaparece nunca. Mas essa dor sempre pode ser amenizada se encontrarmos por trás dela uma esperança.

Acidentes de carro fatais repetidos ao longo dos anos resultaram em campanhas bem-sucedidas para que fossem criados automóveis mais seguros, que por sua vez provavelmente salvaram milhares e milhares de vidas. Incêndios que levaram muitos à morte no passado serviram para que se impusessem normas de construção mais rígidas para os prédios de hoje, que precisam ser equipados com saídas de emergência e sistemas de esguichos de acionamento automático que sem dúvida salvam vidas. Um alarme chamado AMBER foi criado depois que Amber Hagerman, uma menina de 9 anos que morava no Texas, foi sequestrada e morta em 1996. Desde então, ele ajudou a prevenir muitos outros casos de rapto e vem sendo instalado em diversos países pelo mundo todo.

Os ataques sofridos pelos Estados Unidos no 11 de Setembro uniram os americanos de uma maneira que eu jamais tinha visto na vida. Antes, eu me lembro de que datas comemorativas como o Dia dos Veteranos não tinham nada de especial. Hoje, todos fazem questão de prestar a devida homenagem aos veteranos de combate no seu dia, e escolas por todo o país abrem as portas para eles nessa data para que os alunos organizem celebrações especiais.

O 11 de Setembro também resultou no surgimento de algumas fundações e instituições que arrecadam dinheiro para causas sociais. Uma delas é o Fundo Kenny & Brian Williams. A família Williams, do Kentucky, perdeu tragicamente os dois filhos. Kenny caiu de uma passarela no centro de Cincinnati e passou três anos em coma até vir a falecer em 1994. Brian trabalhava no escritório da Cantor Fitzgerald que ficava na mesma torre que o meu local de trabalho, só que quarenta andares acima. Depois da morte dos dois irmãos, amigos e familiares organizaram um fundo para conseguir bolsas de estudo para jovens necessitados em colégios e faculdades e ajudar famílias que precisassem lidar com eventos trágicos. Em 2010, aconteceu o último evento beneficente promovido por eles. E por quê? Porque ao longo de nove anos de funcionamento o fundo conseguira levantar recursos suficientes para tornar-se autossuficiente. Assim, por causa da morte dos dois jovens, pessoas do país inteiro receberam ajuda do fundo, e outras continuarão recebendo no futuro. A dor que os pais desses irmãos carregam no coração não vai ceder nunca, mas pelo menos eles podem ter a alegria de saber que o legado dos seus filhos irá melhorar a vida de outras pessoas.

A minha própria vida será sempre um exemplo do bem que nasce a partir do mal. Aquilo que eu passei no 11 de Setembro é algo que não desejo para ninguém. A perda trágica dos meus amigos e colegas de trabalho deixará para sempre um vazio no meu coração. As lembranças brutais do desabamento que me deixou soterrada viva não podem ser apagadas da minha memória. Mas os acontecimentos daquele dia também operaram uma transformação positiva. Eles me fizeram perceber que era preciso mudar o meu caminho. Eu precisava crescer, rever a minha atitude, tornar-me a pessoa boa que meus pais haviam me criado para ser. E não só fiz tudo isso como agora estou partilhando a minha história neste livro na esperança de que outros se sintam tocados ao saber da minha transformação, e inspirados a mudar o seu caminho também.

Coisas ruins sempre vão acontecer neste mundo. Isso é algo que jamais vai mudar. Pessoas continuarão morrendo de maneira trágica, a violência sempre vai existir, crimes serão cometidos, empregos serão perdidos, pessoas continuarão brigando. A vida é assim mesmo. Mas algo de bom sempre pode surgir de uma coisa ruim. Basta que a gente tenha um pouco de empenho, um pouco de tempo, um pouco de esperança, um pouco de fé.

As coisas acontecem por alguma razão

Talvez você já tenha ouvido ou lido isso em algum lugar:

Tudo tem seu tempo, um tempo para todo propósito debaixo do céu:
Há tempo de nascer, e tempo de morrer; tempo de plantar, e tempo de arrancar o que se plantou;
Tempo de matar, e tempo de curar; tempo de derrubar, e tempo de edificar;
Tempo de chorar, e tempo de rir; tempo de prantear, e tempo de dançar;
Tempo de espalhar pedras, e tempo de ajuntar pedras; tempo de abraçar, e tempo de abster-se de abraçar;
Tempo de ganhar, e tempo de perder; tempo de guardar, e tempo de jogar fora;
Tempo de rasgar, e tempo de coser; tempo de estar calado, e tempo de falar;
Tempo de amar, e tempo de odiar; tempo de guerra, e tempo de paz.

Muitos vão achar o texto bem parecido com o sucesso "Turn! Turn! Turn!" do grupo Byrds que estourou em 1965, mas na verdade ele vem da passagem bíblica a partir da qual a letra da canção foi adaptada, em Eclesiastes 3:1-8. E, para muitos, o primeiro verso, "Tudo tem seu tempo, um tempo para todo propósito debaixo do céu", é a comprovação bíblica de que as coisas sempre acontecem por alguma razão.

Quantas vezes você já ouviu isso, que tudo tem uma razão de ser? Provavelmente muitas, sobretudo em meio a situações complicadas. Se a ideia parece difícil de aceitar para muita gente, isso é porque ela basicamente quer dizer que qualquer coisa boa ou ruim pode acontecer em nossas vidas sem que nós tenhamos algum controle. Mas será que todos os aspectos da existência, de uma maneira ou de outra, também não estão fora do nosso controle? Basta pensar nos dois momentos mais significativos dela, e que formam o segundo verso do trecho citado acima: o nascimento e a morte. Nós não podemos controlar nenhum dos dois. Chegamos a este mundo quando Deus decide que é hora de nascer. E não há uma pessoa que saiba o instante exato em que vai morrer. Entre o nascimento e a morte, embora haja a impressão de que nós podemos controlar o caminho, pessoalmente desconfio que esse controle na verdade é muito menor do que acreditamos ser.

Vejam só o dia que eu tive em 11 de setembro de 2001, por exemplo. Eu havia dormido bem e acordado com um humor excelente, principalmente por ter enfim feito as pazes com Roger depois de duas semanas brigados. Peguei o trem das 7 horas da manhã para o centro da cidade, caminhei da estação até o meu trabalho, liguei o computador, fui tomar café, voltei para a minha mesa, senti o prédio balançar, passei os cerca de noventa minutos seguintes tentando decidir o que iria fazer, enfim me encaminhei para as escadas e acabei surpreendida no meio da descida pelo desabamento do edifício.

Pode parecer, numa primeira leitura, que eu estava no controle de todos esses acontecimentos. Afinal, fui eu que tomei a decisão de a que horas iria acordar, de que maneira faria o trajeto para o trabalho, a que horas tomaria o trem. Fui eu que decidi ir comprar o café da manhã depois de ter ligado o computador, não evacuar o edifício logo depois do impacto, e só depois de um tempo me encaminhar para as escadas. Mas será que é isso mesmo?

O motivo do meu bom humor naquela manhã era o fato de Roger e eu termos feito as pazes. Se nós não tivéssemos nos entendido, eu ainda continuaria na casa da minha sobrinha como estava nas duas semanas anteriores, teria feito um trajeto diferente até o trabalho e provavelmente chegado à torre um pouco mais tarde. E vamos recuar mais um pouco: a briga com Roger nem teria acontecido se eu não o tivesse conhecido, em primeiro lugar, e eu só o conhecia porque ele me viu por acaso numa comemoração de carnaval em outro país, no meio de milhares de pessoas. Como as coisas teriam mudado se eu tivesse decidido caminhar numa direção diferente cinco segundos antes de ele pôr os olhos em mim naquele carnaval? Roger nunca teria me visto, nós não teríamos sido apresentados, e a cadeia de eventos que se seguiu teria levado tanto a mim quanto a ele por caminhos muito diferentes em nossas vidas. E eu poderia recuar ainda mais no tempo, e pensar que se eu nunca tivesse tomado a decisão de ir morar em Nova York...

Num outro exemplo: e se eu tivesse perdido o trem das 7 horas e chegado um pouco mais tarde ao trabalho naquele dia? E se, tendo chegado mais tarde, eu ainda estivesse na cafeteria do 44º andar quando o avião bateu na torre? Será que nesse caso eu teria voltado até minha mesa de trabalho ou simplesmente decidido sair do edifício imediatamente? Acredito que a minha decisão iria ser tomada com base no que os demais à minha volta estivessem fazendo. Se tivesse ido para fora do prédio mais cedo, eu não teria sido soterrada viva. E se não tivesse sido soterrada viva, a uma hora dessas na certa estaria tomando um drinque em algum bar como a pessoa que eu era antigamente faria, e não aqui sentada e escrevendo as minhas memórias.

E pense também em pessoas como James Symington. Se ele não tivesse ido até o local do desastre com Trakr para ajudar nas buscas, Trakr jamais teria farejado a minha presença. E, se Trakr não tivesse farejado a minha presença, voluntários como Rick Cushman e os outros talvez não tivessem decidido fazer uma inspeção mais detalhada naquela área em especial. E eu não teria sido encontrada. Ou talvez alguém fosse me encontrar de qualquer forma, porque Paul garantiu que havia ajuda chegando. Mas, se eu não tivesse me reencontrado com Deus debaixo daquela pilha de escombros, será que Paul teria aparecido? A ausência dele, por sua vez, teria transformado para sempre as vidas de Roger e de Kimberly. Roger não estaria casado comigo. As duas filhas que tivemos juntos não teriam chegado a nascer. Kimberly, provavelmente, jamais teria se mudado para os Estados Unidos. E assim sucessivamente, sem parar.

Cada instante da nossa vida é decorrência de algo que aconteceu ou que não aconteceu antes. Por que você está lendo este livro agora? Talvez seja porque a livraria tivesse um exemplar, você o comprou e foi direto para casa começar a leitura. Mas e se a livraria não tivesse mais o título em estoque, você tivesse decidido ir procurar em outra loja e sofrido um acidente de carro no caminho? E se o motivo da falta de estoque na primeira livraria tivesse sido o atraso da entrega enviada por uma distribuidora do outro lado do país... porque um de seus funcionários ficou doente no dia e desfalcou a equipe? Seria plausível imaginar que no caso de o sujeito do outro lado do país não estar doente você não teria sofrido o seu acidente de carro? Cada momento tem uma razão para acontecer, e essa razão está fora do nosso controle. Ela faz parte do plano que Deus traçou para a vida de cada um de nós.

Há uma questão que ouço com frequência: "Por que rezar, então, se o plano de Deus para nós já está traçado?" É uma pergunta válida. Se Deus nos dá a vida com um plano já pronto para ela, de que adianta rezar e querer mudar o que está predestinado? Eu não sou especialista em religião, nem vou tentar ser, mas a minha opinião é que um dos motivos para a oração ser necessária é porque Satanás vive para atrapalhar os planos de Deus. As preces estreitam o nosso relacionamento com Deus, mostram a Ele que levamos em consideração o Seu plano e fazem com que fiquemos alinhados com esse plano. Acho que o plano de Deus era que eu fosse sua serva pela vida toda, e que fui eu que me desviei do caminho para seguir as artimanhas do diabo. Mas assim que comecei a orar, e orar com fervor, quando estava soterrada, isso me levou de volta ao caminho que Ele havia traçado originalmente ao me enviar para este mundo. E agora Ele pode confiar que eu me manterei nesse caminho até o dia em que for levada daqui.

Uma das minhas citações favoritas ligadas a essa lição é o trecho dos Provérbios 3:5-6, que diz: *Confia no Senhor de todo o teu coração, e não te estribes no teu próprio entendimento. Reconhece-O em todos os teus caminhos, e Ele endireitará as tuas veredas.*

"Confia no Senhor de todo o teu coração." Quantos de nós conseguem fazer isso o tempo todo? É um enorme desafio na nossa vida diária. O que nos leva de volta àquela questão do controle: nós todos desejamos ter o controle em tudo o que fazemos, mas precisamos estar cientes de que, não importando o quanto nos preocupemos ou nos estressemos com alguma situação, o desfecho será sempre definido segundo a vontade de Deus. O que quer que aconteça, terá acontecido por uma razão.

"Não te estribes no teu próprio entendimento." Um outro aspecto da natureza humana nos faz confiar sempre no nosso próprio julgamento em primeiro lugar. Deus nos deu um cérebro, e muita gente acaba usando esse cérebro para achar que pode ser mais esperta que Deus e saber melhor do que Ele o que é melhor para si. Nós acabamos racionalizando as situações a partir da nossa própria concepção do que é certo ou errado, e não da visão de Deus, que está descrita claramente na Bíblia. Eu sei de muita gente que desrespeita o mandamento de guardar o sábado e justifica dizendo que precisa trabalhar, dormir ou se recuperar da última ressaca. Eu já fui assim. Sei de quem ignora o mandamento de não usar o Santo nome de Deus em vão sem achar que isso terá grande importância. Outros não hesitam em prestar falso testemunho diante de seus irmãos — como eu, novamente, no passado. Nunca confie no seu próprio entendimento. Prefira seguir a Bíblia, o manual de instruções para a vida que Ele nos deu.

"Reconhece-O em todos os teus caminhos, e Ele endireitará as tuas veredas." Se nós nos empenharmos para manter Deus sempre em mente durante tudo o que fazemos, Ele nos guiará para o caminho da bondade que conduz ao Seu reino.

Se acreditamos que todas as coisas têm uma razão de ser, estamos reconhecendo que Deus é maior do que nós, que sabe mais do que nós e está olhando por nós o tempo todo. Isso quer dizer que acreditamos que por trás de tudo existe uma motivação maior, e um tempo para que se cumpra cada propósito que existe sob o céu. Você pode ter aprendido na Bíblia, ou cantando a música dos Byrds. De qualquer maneira, é uma lição e tanto.

CAPÍTULO 24

Os terroristas

Nos dias e nas semanas após o 11 de Setembro, quando comecei a assistir aos noticiários e tentar compreender o que havia acontecido, ouvia o nome de Osama bin Laden ser repetido o tempo todo sem que eu tivesse a menor ideia de quem era ele. Os repórteres o apresentavam como sendo o líder do grupo terrorista al-Qaeda, um extremista islâmico cuja rica família de origem saudita o deserdara, e então estaria vivendo num esconderijo nas inóspitas montanhas do Afeganistão. A meu ver, parecia surreal que um sujeito vivendo em uma das regiões mais remotas do planeta pudesse ter tanta influência sobre certas pessoas a ponto de convencê-las a pilotar aviões e lançá-los sobre edifícios nas cidades de Nova York e Washington. Mas era isso o que ele havia feito.

À medida que os anos foram passando, e que eu ainda continuava sem entender que motivações alguém como Bin Laden teria além da maldade pura e simples e do prazer mórbido de destruir a vida de milhares de americanos, surgiu no meu caminho uma declaração que ele teria feito em 2004 e que eu esperei que fosse me ajudar a lançar uma luz sobre o seu modo de pensar:

225

Alá é testemunha de que jamais havia passado pela nossa cabeça promover um ataque às torres, mas depois que a situação tornou-se insustentável por conta da tamanha injustiça e tirania da aliança EUA-Israel contra o nosso povo na Palestina e no Líbano, comecei a considerar a possibilidade. Os eventos que tiveram impacto direto sobre mim foram os de 1982 e todos os que decorreram deles, quando os EUA deram apoio a uma invasão israelense no Líbano que contou com a participação da Sexta Frota americana... Quando vi as torres derrubadas no território libanês, passou pela minha cabeça que eu deveria punir os injustos da mesma maneira (e) destruir torres dos EUA, para que eles sentissem o que havíamos sentido e parassem de matar nossas mulheres e crianças.

Bem, o texto não serviu para muita coisa. Sinceramente, não posso dizer que acompanho o noticiário político com atenção suficiente para saber de todas as alianças e relações entre os Estados Unidos e nações estrangeiras, e certamente não acompanhei os tais eventos de 1982 porque nessa época era apenas uma menina de 11 anos vivendo em Trinidad. Mas o que o texto me passou, para dizer da maneira mais simples, foi que Bin Laden quis se vingar dos Estados Unidos por conta daquilo que percebeu como injustiças cometidas contra o seu povo anos antes. Isso queria dizer, portanto, que eu e milhares de outros inocentes havíamos sido vítimas da raiva mal canalizada de um único sujeito. Eu fiz uma tentativa de esmiuçar a declaração com o objetivo quase impossível de entender o pensamento desse homem, e considerei bastante curiosas as 17 primeiras palavras:

"Alá é testemunha de que jamais havia passado pela nossa cabeça promover um ataque às torres, mas..."

Minha impressão é que, quando sente a necessidade de dizer que Alá sabe que não era sua intenção atacar as torres, ele está querendo dizer que Alá não aprovaria o ataque, "mas...".

Depois dessa conjunção, todo o resto da declaração pode ser visto à luz da lição que eu apresentei sobre como não devemos confiar na nossa visão dos fatos. Porque é isso que Bin Laden faz o tempo todo. Basicamente, o que eu acho que ele quer dizer é: "Mesmo que Alá não aprove a destruição das torres, eu vou fazer isso de qualquer maneira por causa da forma como *eu* enxergo a situação." E, no que me parece ainda mais espantoso do que o argumento usado, ele conseguiu encontrar 19 outros homens que aderiram à sua causa. Não só aderiram como se dispuseram a passar por anos de treinamento sabendo que o resultado acarretaria não só a morte de pessoas inocentes, mas a sua própria também.

Uma pergunta que repórteres e demais pessoas que eu encontro na vida sempre fizeram ao longo destes anos é se eu consegui perdoar Bin Laden e os outros terroristas pelos seus atos. Essa é uma pergunta interessante, e eu não sei se posso respondê-la com um simples "sim" ou "não".

Sei que certos indivíduos não conseguem levar a vida adiante enquanto não encontram um meio de perdoar quem lhes tenha feito algum mal, e considero isso perfeitamente compreensível. Para eles, essa é a maneira de encerrar a história, é a forma de tentar resgatar alguma paz de espírito. Mas, no meu caso, eu consegui ir adiante de alguma maneira sem ter tido sequer a necessidade de ponderar essa questão do perdão. Acho que se precisasse dar uma resposta acabaria dizendo que sim, eu os perdoei, e diria isso simplesmente porque nunca deixei que as ações desses terroristas tivessem influência sobre a minha vida depois do 11 de Setembro. Sim, eles me prejudicaram de maneiras graves e diversas, que incluíram a matança de colegas de trabalho e da minha amiga Rosa. Mas as horas que passei soterrada me conduziram a um estado de paz interior tão absoluta que eu jamais senti ódio de nenhum dos envolvidos. Eles me deixaram triste demais — mais triste do que eu jamais conseguiria descrever em palavras —, mas não com raiva.

E, sendo assim, nunca senti a necessidade de lidar com a questão do perdão. Perdoar é fazer as pazes consigo mesmo dentro do próprio coração, fazer as pazes com Deus e com aqueles que estamos perdoando. Fazer as pazes comigo mesma e com Deus eu já consegui, e tenho a certeza de que, para Bin Laden e os outros terroristas, antes de morrerem, o fato de eu ter feito ou não as pazes com eles não tinha a menor importância.

Deus estava comigo quando as torres desabaram, e Ele está comigo agora. Isso é tudo que importa.

EPÍLOGO

Desde que terminei o meu processo de reabilitação em 2003, venho me mantendo muito saudável. O coração continua batendo da maneira como deveria. Não apareceu mais nenhum sinal de câncer depois do tratamento que recebi em 2001. Eu ainda manco ligeiramente ao caminhar, mas tão ligeiramente que quase ninguém percebe. E, considerando que os médicos chegaram a aventar a hipótese de amputar a perna que hoje é manca, não é disso que eu vou reclamar.

Não me deparei com nenhuma "questão" emocional nestes anos todos que tenha sido uma decorrência direta das horas que passei soterrada viva. Quando digo que Deus foi o meu psiquiatra realmente acredito nessas palavras, e sei que Ele continua sendo até hoje. Com a graça do Senhor, jamais tive sequer um pesadelo ligado à experiência que vivi. Não se passa um dia sem que eu pense em Rosa, em Susan ou nos outros colegas que perderam vida, mas não são pensamentos que me perturbem. Ao contrário: ao me lembrar deles eu faço uma oração breve e sorrio, reconfortada pela certeza de que estão ao lado de Deus e que um dia estaremos todos juntos novamente.

Nunca cheguei a me reencontrar ao vivo com Pasquale, o único outro membro do nosso grupo que sobreviveu, mas conversei com ele por telefone depois que ambos voltamos ao trabalho. Nós trocamos notícias sobre os detalhes da nossa recuperação física, e cada um tinha muitas novidades para contar ao outro. Enquanto eu me casava, em novembro de 2001, a esposa dele deu à luz uma menina no mesmo mês. Durante a conversa, também relembramos os colegas que haviam morrido e trocamos as recordações que tínhamos sobre os acontecimentos daquela manhã.

Ao longo dos anos, eu ouvi muitas vezes de outras pessoas a mesma pergunta que Roger fez assim que se deparou comigo no hospital: por que não tratei de escapar antes do edifício? Sempre que vejo fotografias ou vídeos do incêndio e das vítimas desesperadas, pendurando-se nas janelas e saltando para a própria morte, penso: *Meu Deus, Genelle, o que deu em você para não sair correndo daquele lugar?* Mas essas são só considerações posteriores. Eu não fazia ideia do que estava acontecendo enquanto estava lá. A situação mostrou-se completamente confusa desde o primeiro momento, tão confusa que eu rezo para que ninguém precise enfrentar algo parecido outra vez.

Quando me lembro daqueles que saltaram para a morte, sempre guardo e sempre guardarei um lugar especial para eles no meu coração. Não consigo deixar de pensar, por mais que os anos passem, em como deve ter sido a sensação de serem obrigados a tomar a decisão que tomaram. Mas nunca acreditei que essas pessoas deram cabo da própria vida. Não foi suicídio. As vidas delas já tinham sido tiradas pelos terroristas, que lhes deixaram apenas duas opções: pular para a morte ou ser queimadas vivas. E eu não tenho dúvida de que no instante em que seus corpos chegaram ao chão as almas foram levadas imediatamente para junto de Deus no céu.

Por estranho que possa parecer, falar sobre o que aconteceu naquele dia nunca foi algo penoso para mim. Ainda assim, algo que faço todos os anos é tirar folga do trabalho no dia 11 de setembro. A única vez em que não tirei essa folga foi em 2006, e depois me arrependi disso. Estavam se completando cinco anos do dia dos ataques. Eu não sabia exatamente como iria reagir ou como as pessoas reagiriam ao me ver no escritório. Ao longo de todo o dia, muitos colegas foram até a minha mesa dizer que estavam pensando em mim e que ficavam felizes por eu ter sobrevivido. E, mesmo apreciando a gentileza de todos, para mim foi uma sensação estranha receber aquelas felicitações e ter que lidar com elas sem parar durante oito longas horas.

Essa é uma data que eu gosto de passar em casa com a TV desligada, ou rezando na igreja, ou fazendo algo que me dê espaço e liberdade para me concentrar e refletir sobre os acontecimentos daquele dia. É uma data que tenho vontade ao mesmo tempo de prantear e de celebrar. E vontade inclusive de me sentir feliz. Contrariando todas as probabilidades, sobrevivi. Luto e celebração são duas emoções complicadas de misturar. Mas são as emoções que sinto nesse dia, e eu gosto de todos os anos poder me dar o espaço necessário para senti-las.

Quanto ao Marco Zero, eu já estive lá algumas vezes. Não tenho problemas para voltar ao local da tragédia, até porque ele está bastante mudado. Fiquei muito contente com a decisão de que construíssem o memorial. Ninguém com idade suficiente para recordar jamais vai esquecer o que houve ali, e com o memorial todos terão um lugar adequado para prestar homenagem às vítimas. E, para os que eram jovens demais na época dos ataques, ele será um local — o *melhor* local — para se informarem mais a respeito de um dos episódios mais significativos da história do nosso país.

Obviamente, o resultado mais importante do período que passei soterrada nos escombros das torres é o meu relacionamento com Deus. Este relacionamento é um dos presentes mais extraordinários que eu recebi da vida, e embora tenha chegado para mim em meio a circunstâncias terríveis, é o que me faz sempre relatar a minha história com todo o prazer. Há quem questione se Paul era mesmo um anjo. Alguns especulam se pode ter sido por simples coincidência que eu fui encontrada com vida debaixo dos destroços pouco depois de começar a rezar e invocar a Deus. Outros chegam até mesmo a duvidar da existência de Deus, e dizem que tudo o que aconteceu foi só um golpe de sorte. E tudo o que eu tenho a responder é que, de acordo com a minha perspectiva, uma transformação dramática aconteceu comigo depois dos ataques. Durante as horas que passei soterrada, eu sei bem o que vi, o que ouvi e senti, e sei que foi uma experiência que mudou radicalmente a minha vida para sempre. Se você tivesse me conhecido antes do 11 de Setembro, não conseguiria acreditar que sou a mesma pessoa que está relatando isto tudo aqui hoje.

Para todo mundo, existe esperança. Por pior que a sua vida possa parecer, por mais graves que os seus problemas sejam e por mais que você tenha se desviado daquilo que acredita ser o caminho da bondade e da retidão, saiba que sempre terá a capacidade de mudar as coisas.

Às vezes me pego pensando no que teria acontecido se por acaso eu tivesse saído antes do edifício e escapado ilesa. Certamente eu teria me sentido grata por estar salva, mas atribuiria todo o crédito a mim mesma, à minha decisão de ter saído depressa, ou à minha ideia de ter tirado os sapatos num determinado momento para correr mais rápido, ou... eu, eu, eu, eu. Eu só enxergaria o meu próprio umbigo antes de pensar em dar qualquer crédito a Deus. E tenho certeza de que veria todo o episódio como um mero golpe de sorte e logo estaria de volta à mesma vida que vinha levando até então. Mas o fato de Deus ter me salvado, seja qual for o motivo que Ele tenha tido para isso, me enche de uma enorme alegria e esperança no futuro. Penso sempre na parábola de Jesus, narrada nas Escrituras:

Qual de vós é o homem que, possuindo cem ovelhas, e perdendo uma delas, não deixa as 99 no deserto, e não vai atrás da perdida até que a encontre? E, achando-a, põe-na sobre os ombros, cheio de júbilo; e chegando a casa, reúne os amigos e vizinhos e lhes diz: "Alegrai-vos comigo, porque achei a minha ovelha que se havia perdido." Digo-vos que assim haverá maior alegria no céu por um pecador que se arrependa, do que por 99 justos que não necessitam de arrependimento. (Lucas 15:4-7)

Passei longe de ter uma vida perfeita, ou de só ter feito escolhas perfeitas, depois daquele dia. Mas posso dizer que me empenho o tempo todo para melhorar, para ser uma pessoa mais amorosa, para ser um luminar do Senhor nos meus pensamentos, nas minhas palavras e ações como esposa, como mãe, como amiga, colega de trabalho e até mesmo como uma desconhecida. Sempre que der o melhor de mim, eu estarei pronta a oferecer a mão para alguém que esteja precisando, da mesma maneira que Paul fez comigo. Isso é o mínimo que eu posso fazer.

AGRADECIMENTOS

Este livro traz o nome de duas pessoas na capa, mas ele só chegou a ser produzido graças às ideias criativas, às críticas valiosas e ao apoio incondicional de inúmeros colaboradores ao longo dos muitos meses de trabalho até a sua conclusão.

Quero deixar um agradecimento especial para o nosso agente, Ronald Goldfarb, que não apenas ajudou a encontrar a melhor casa para publicá-lo em sua versão original como também, ao fazer a pergunta "O que as pessoas poderão aprender com este livro?", nos conduziu até a decisão de pautar o projeto inteiro em torno da resposta que demos: "Que sempre haverá esperança."

Obrigada a Roger McMillan e a Kimberly YipYing, que nos deram seus relatos únicos dos acontecimentos do 11 de Setembro e dos dias que se seguiram com uma riqueza de detalhes ímpar, e que nos apoiaram ao longo da jornada de produção do livro. E obrigada também a Gary Tuchman, que, com a sua cobertura jornalística e suas lembranças do 11 de Setembro e dos anos posteriores a ele, nos ajudou a recordar a história e a fazer as devidas ligações entre ela e o tempo presente.

Aquele dia trágico foi marcado pela ação de milhares de heróis, e dois deles certamente foram Rick Cushman e James Symington. Os dois deixaram de lado sua vida pessoal e viajaram por centenas de quilômetros para ajudar no trabalho das buscas por desconhecidos movidos simplesmente pela bondade de seu coração e pelo sentimento de que era isso que deviam fazer. Nós seremos eternamente gratos a vocês dois pela sua coragem e por terem recontado suas histórias de maneira tão detalhada e rica para nós.

Obrigada a Nicci Jordan Hubert, que foi a primeira editora a trabalhar oficialmente no original. Graças ao entusiasmo e ao talento dela, nós conseguimos elaborar este livro da forma que ele se apresenta a vocês hoje.

Philis Boultinghouse, Susan Wilson, Jennifer Smith, Bruce Gore e muitos outros profissionais atuaram nos bastidores do processo na Howard Books e na Simon & Schuster cuidando da edição, do design, da produção e da publicação do livro. O talento de todos vocês transparece em cada página. Obrigada por tudo o que fizeram e continuam fazendo, e pela confiança que depositaram em nós a cada etapa da jornada.

Enquanto lapidávamos os primeiros rascunhos, pedimos a cinco leitoras ávidas e com formações e perspectivas diferentes para que nos ajudassem a moldar a história da melhor maneira possível. Obrigada, portanto, a Debra Croyle, Anne Pillai, Judy Jakyma, Chrissie Parente e Lisa Kovach. As suas contribuições foram inestimáveis.

E obrigada a Phyllis Mazzella, cuja batalha travada contra o câncer e o compromisso com a esperança demonstrado nos últimos dois anos serviram de inspiração todos os dias no período em que escrevíamos este livro.

Por fim, tenho que dizer que o apoio necessário para que um livro seja escrito vem sob diversas formas, inclusive de força emocional. Nós contamos com literalmente centenas de familiares e amigos que nos encorajaram durante esta longa jornada. O seu otimismo inabalável e a sua visão do que este livro poderia ser e do efeito positivo que poderia ter na vida de pessoas do mundo inteiro ajudaram a fazer com que continuássemos na estrada até chegarmos ao nosso destino final. Muito obrigada.

Este livro foi composto na tipologia Adobe
Garamond Pro, em corpo 12/16, e impresso
em papel off-white no Sistema Cameron da
Divisão Gráfica da Distribuidora Record.